JN170573

いますぐ行きたい！日本の世界遺産

世界遺産検定マイスター
山本厚子

X-Knowledge

はじめに

日本探求！　世界遺産を訪ねる旅へ

　１９７２年、ユネスコ総会で「世界の文化遺産及び自然遺産の保護に関する条約（世界遺産条約）」が採択されました。世界遺産とは地球の生成と人類の歴史によって生み出された人類共通の宝物です。条約は過去から現在へと受け継がれてきたものを守り、次世代に引き継ぐための国際協力の確立を目的としています。そして１９７８年、「ガラパゴス諸島」（エクアドル）や「イエローストーン国立公園」（アメリカ）、「アーヘン大聖堂」（ドイツ）など、最初の世界遺産が12件誕生したのです。それ以降、数は増え続け、文化遺産８０２件、自然遺産１９７件、複合遺産32件と計１０３１件の世界遺産が登録されています（２０１６年2月現在）。

　登録された世界遺産リストを眺めると、世界には多様な価値観があることに気付くでしょう。お互いの国や地域の自然や歴史、文化などを理解し、尊重していくことが、世界の平和につながるのではないかと思います。

　そのためにもまずは自分の国の自然や文化をよく知ることが、世界を理解することへの第1歩となるのではないでしょうか。

　日本が世界遺産条約を批准したのは１９９２年。条約が採択されて20年後のことでした。翌年には「白神山地」、「屋久島」、「法隆寺地域の仏教建造物」、「姫路城」の4件が日本初の世界遺産となりました。そして現在、文化遺産15件、自然遺産4件の計19件が登録されています。

そのなかには日本の歴史や文化を伝える寺社が数多く含まれています。都が置かれた奈良や京都を中心に、時の権力者によって建立されたもので、木造の建築物であるにもかかわらず何百年、ときには千年を越えて受け継がれていることは世界で高く評価されています。日光や紀伊山地、富士山などのように自然と信仰が結びついた世界遺産も目立ちます。そこには古来、日本人の自然を畏敬する精神が窺えます。

また、明治から大正・昭和にかけて日本の近代化を支えた産業遺産も各地に点在しています。一方で、「原爆ドーム」は核兵器の廃絶と平和を希求するシンボルとして保存され、ほかの文化財とは異なった役割をもっています。このように日本の世界遺産にはさまざまな価値が認められています。

古いだけでなく、美しいだけでなく、その世界遺産にはどのような価値があるのか、その視点を携えて実際に訪ねてみてはいかがでしょうか。きっとそれぞれに日本の誇りが感じられるに違いありません。

2016年2月　　山本厚子

いますぐ行きたい！　日本の世界遺産　目次

Part 1 文化遺産／産業

Part

2

文化遺産／歴史・文化

Part

3 文化遺産／社寺

Part 4 自然遺産

装丁／山田知子（chichols）

本書の情報は特に断りのない限り、2016年2月の現在の情報をもとに記載しております。

Part 1 文化遺産／産業

軍艦島［ぐんかんじま］

日本の産業革命を加速した
小さな海底炭鉱の島
廃墟となったコンクリートジャングルが
往時の暮らしを語り継ぐ

島の姿が戦艦「土佐」に似ていることから軍艦島と呼ばれた

世界遺産

小さな海底炭鉱の島が日本の近代化に貢献

軍艦島と呼ばれる長崎県端島《はしま》は、「明治日本の産業革命遺産」の23の構成資産のなかでも最も知られた遺産でしょう。端島は長崎港から南西約18キロメートルの沖合に浮かぶ面積６・５ヘクタールほどの海底炭鉱の島です。１８９０（明治23）年、経営権を得た三菱が本格的に採炭をスタート。良質な石炭で日本の近代化を支えました。

最盛期には、約５３００人の人々が暮らし、日本初となる鉄筋コンクリート造りの高層アパートが建てられました。島のなかに学校や病院、商店のほか、映画館などの娯楽施設まで揃い、当時の最先端の都市が形成されたのです。しかし１９５０年代後半、石炭から石油へのエネルギー革命が起こると石炭需要が減少。１９７４年に閉山し、無人島となりました。多くの建物が崩壊し、廃墟となった島の姿が、命がけで採炭に取り組んだ鉱員たちの記憶を今に伝えています。

精選された石炭を貯炭場に運んだベルトコンベアの支柱が残る

上／軍艦島は南北に約480m、東西に約160m、周囲約1200mという小さな島
下／第3見学広場から眺める30号棟アパートは日本最古の7階建て高層鉄筋コンクリート造り

ここが見所

廃墟をめぐる軍艦島の上陸ツアーへ

上陸ツアーに参加して、長崎港から軍艦島を目指します。船上から眺めるベイエリアの風景のなかには、軍艦島と同じく「明治日本の産業革命遺産」に登録の三菱長崎造船所や小菅修船場跡《こすげしゅうせんばあと》も溶け込んでいます。いくつか島を通り過ぎると、やがてコンクリートの岸壁に覆われ、高層住宅が密集する、軍艦のような島影が海上に現れます。

桟橋に接岸すると、いよいよ島の歴史の一端にふれられると胸の高鳴りも最高潮に。護岸に沿って南西に伸びる見学通路を進むと、3カ所の見学広場が設けられています。すべてが朽ち果てようとするなかで、石炭を運んだベルトコンベアの支柱や、第二竪坑《たてこう》の桟橋から事務所へと続く階段、日本最古の鉄筋高層住宅など形状を残す遺構を確認すると、ここで働き、暮らした人々の残像が浮かんでくるようです。

軍艦島は2009年より一般公開されていますが、上陸できるかどうかは運次第。天候や海が荒れると上陸できない場合もあります。

アクセス

軍艦島へは、長崎港、または野母港発の5社による上陸ツアーで。
料金：施設使用料大人300円、小人150円のほか、各社ツアー代金がかかる。

世界遺産データ

**明治日本の産業革命遺産
製鉄・製鋼、造船、石炭産業**

登録年：2015年7月
所在地：福岡県北九州市、大牟田市、中間市、佐賀県佐賀市、長崎県長崎市、熊本県荒尾市、宇城市、鹿児島県鹿児島市、山口県萩市、岩手県釜石市、静岡県伊豆の国市
遺産面積：構成資産307ha／緩衝地帯2,408ha

立ち寄りスポット

長崎出島ワーフ

長崎港に面して広がる複合商業施設。地元長崎の新鮮なシーフードを味わえるレストランなど、飲食店を中心に個性豊かなショップが集まる。美しい港の景色や稲佐山を一望できる憩いの空間で、地元の人々や観光客に親しまれている。
休み：店舗により異なる
電話：095-828-3939（代表）
アクセス：JR長崎駅前より長崎電気軌道1系統に乗り、出島下車、徒歩約2分

OI

文化遺産／産業

明治日本の産業革命遺産　製鉄・製鋼、造船、石炭産業

萩の遺産群

[はぎのいさんぐん]

近代化の先駆けとなった山陰の小さな城下町・萩
維新を牽引する多くの逸材を輩出した

1856（安政3）年に建設された萩反射炉。現存する反射炉は静岡県韮山と2カ所のみ

上／恵美須ヶ鼻造船所跡は、幕末に２隻の西洋式木造帆船を建造した造船所の遺跡
下／大板山たたら製鉄遺跡。 幕末には日本の伝統的な製鉄方法が近代化を支えた

初代内閣総理大臣・伊藤博文ら多くの塾生が教えをうけた松下村塾

世界遺産

新しい時代を開いた萩の5つの資産が登録される

幕末から明治の短期間で発展を遂げた日本の近代化。２０１５年、世界遺産に登録された「明治日本の産業革命遺産」は、地理的に分散する産業遺産をまとめ、重工業分野における近代化の道程を証言するものとなっています。なかでも山口県萩の「萩城下町」をはじめとする５つの遺産群は、産業化初期の時代を雄弁に物語っています。

近代化を主導した西南雄藩のひとつが萩（長州）藩でした。金属を溶かすための溶解炉である「萩反射炉」は、黒船来航による欧米列強への危機感から西洋式の鉄製大砲鋳造を目指した藩が試験的に建設したもの。「大板山たたら製鉄遺跡」で作られた鉄は、「恵美須《えびす》ヶ《が》鼻《はな》造船所跡」で使用され、西洋式帆船を造りました。また、吉田松陰が主宰した私塾「松下村塾」は、身分に関係なく門下生を受け入れ、のちに明治政府の中心人物となる人材を数多く輩出しました。

上／1604（慶長9）年、指月山に築かれた萩城
下／武家屋敷としての地割が今もよく残る萩城下町

ここが見所

日本の近代化の始まりの地、萩の城下町を歩く

関ヶ原の戦いに敗れた毛利輝元《もうりてるもと》が、阿武川《あぶがわ》支流の橋本川と松本川に囲まれた三角州の上に整備した萩の城下町。以後約２６０年間、萩（長州）藩の中心地として繁栄しました。

石垣と堀を残すだけの萩城跡は、藩主の居城や藩政の中心機関があった場所で、国の史跡に指定されています。春には６００本余りのソメイヨシノが咲き、在りし日の栄華を思い起こさせます。

外堀の内側の三の丸は、堀内地区とも呼ばれる旧上級武家地。そして、その外側に中・下級の武家屋敷や町家が軒を連ねていました。このように近世の封建制度を反映した町割りが今も変わりなく残っており、白壁や土塀、黒板塀など風情ある町並みが見事です。奇兵隊を創設した高杉晋作の誕生地や、明治維新の三傑と呼ばれた木戸孝允《きどたかよし》（桂小五郎）の旧宅なども点在しています。

萩の城下町を歩いていると、幕末に新しい時代の幕開けを夢見て駆け抜けた、若き志士たちの足音が響いてくるようです。

アクセス

萩城下町へは、JR新山口駅から防長バスで約1時間10分～1時間25分、萩バスセンター下車。料金：2060円。

萩反射炉へは、萩循環まぁーるバス東回りコースで、萩しーまーと下車、徒歩約3分。

恵美須ヶ鼻造船所跡へは、萩反射炉から海側へ約0.6km（徒歩約8分）。

松下村塾へは、萩循環まぁーるバス東回りコースで、松陰神社前下車、徒歩すぐ。

大板山たたら製鉄遺跡へは、JR東萩駅から車で約30分。

立ち寄り周辺スポット

萩八景遊覧船

萩城跡横にある指月橋を出発し、水辺から萩を遊覧する約40分のコース。船頭さんの説明を聞きながら、外堀から橋本川へ入り、重要伝統的建造物群保存地区に指定される堀内や平安古（ひやこ）地区を川から眺める。

運行：3～10月は、9:00～17:00（最終受付16:00）、11月は～16:00（最終受付15:00）　休み：天候不良時、12～2月　料金：大人1200円、小人600円　電話：0838-21-7708　アクセス：萩循環まぁーるバス西回りコースで、萩城跡・指月公園入口萩夏みかん工房下車、徒歩すぐ

旧集成館［きゅうしゅうせいかん］

OI
文化遺産／産業
明治日本の産業革命遺産　製鉄・製鋼、造船、石炭産業

藩主の危機感が造らせた西洋式の工場群
日本在来の技術と融合して近代化の先駆けとなった

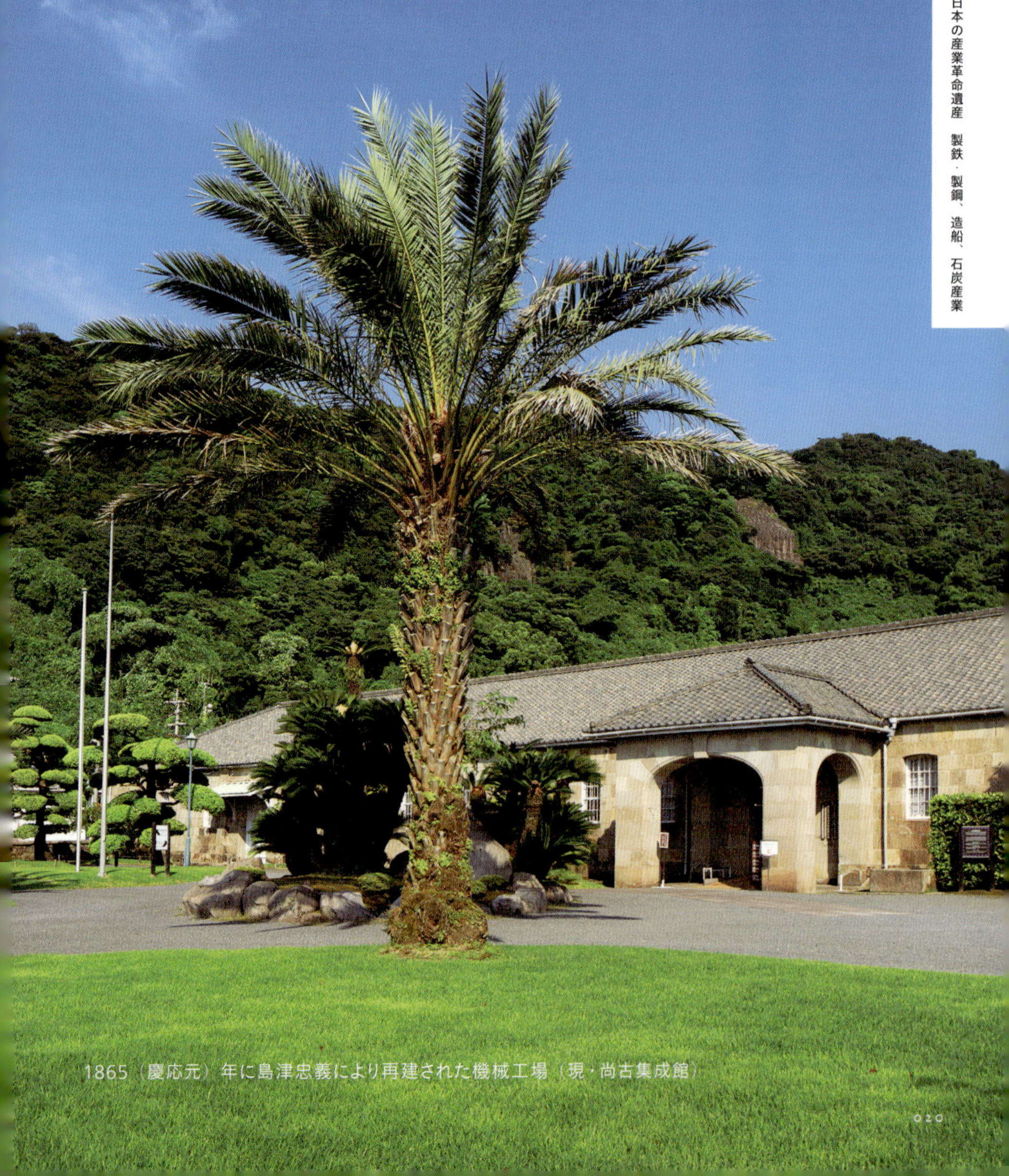

1865（慶応元）年に島津忠義により再建された機械工場（現・尚古集成館）

世界遺産

欧米列強に対抗するため幕末の薩摩が始めた近代化

1851（嘉永4）年、薩摩藩11代藩主となった島津斉彬《しまづなりあきら》は、欧米列強のアジア進出に脅威を抱き、大砲鋳造や造船を中核とした「集成館事業」を興しました。日本初の西洋式の工場群があった集成館跡地一帯は、国の史跡に指定されています。重工業だけでなく、ガラスや紡績、電信など幅広い産業の育成を手掛けたことが特色で、斉彬の強く豊かな国造りへの想いが伝わってきます。

島津家の別邸であった仙巌園《せんがんえん》には、集成館事業の一端を示す反射炉跡が残されています。大砲鋳造のために必要だった反射炉は、藩士たちがオランダの技術書を参考に自力で建造したものです。

斉彬没後、薩英戦争により集成館はほぼ焼失。志を継いだ12代藩主島津忠義《しまづただよし》によって機械工場が再興されました。現在、その建物は博物館「尚古《しょうこ》集成館《しゅうせいかん》」として鹿児島の歴史や文化、斉彬が始めた近代化事業について展示・紹介しています。

薩摩焼の技法で焼いた耐火煉瓦を使うなど、在来の技術が活かされた反射炉跡

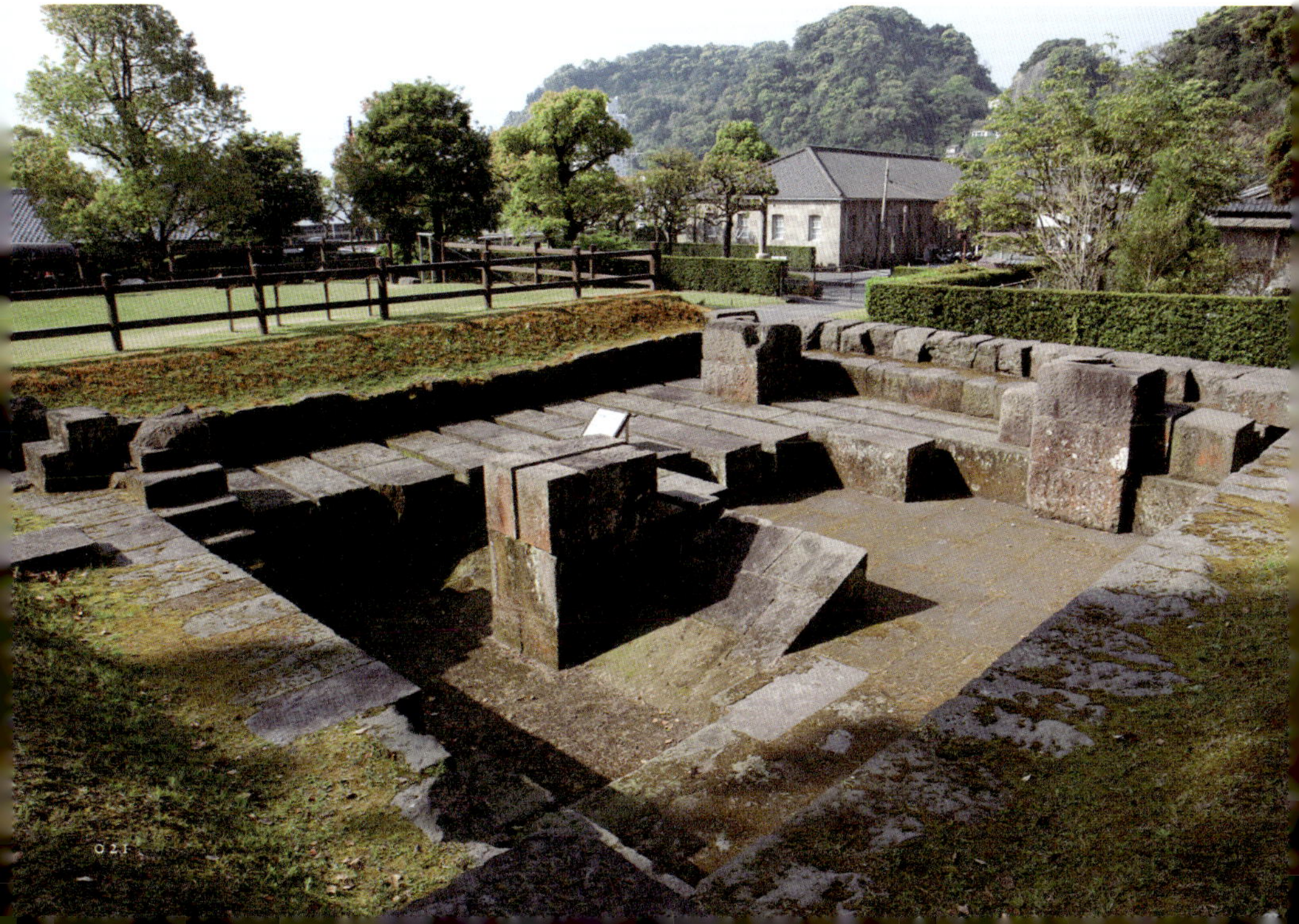

1658（万治元）年に築かれた島津家の別邸・仙巌園

右／バルコニーを配したコロニアル様式の旧鹿児島紡績所技師館
左／鉄製150ポンド砲は反射炉で鋳造されたと伝えられる大砲を復元したもの

ここが見所

眺めのよい庭園周辺に残された史跡や洋風建築を巡る

島津斉彬が愛した庭園・仙巌園《せんがんえん》は、目の前に広がる桜島と錦江湾《きんこうわん》をそれぞれ築山《つきやま》と池に見立てた雄大な借景が魅力です。この風光明媚な庭園とその周辺に斉彬らの手掛けた集成館事業の足跡を見ることができます。入口付近にあるのは鉄製150ポンド砲と反射炉跡。大名庭園に不釣り合いに思えるかもしれませんが、いち早く富国強兵を推し進めた薩摩藩の歴史を伝えています。

仙巌園に隣接して建つ尚古集成館は、国指定重要文化財。洋風石造りの建物ですが、内部の構造から日本人が施工したものと考えられています。尚古集成館から徒歩5分ほどの旧鹿児島紡績所技師館もぜひ足を運んでほしい場所。紡績工場で技術指導を行ったイギリス人技師たちの宿舎として造られました。2階建ての洋風建築ですが、イギリス人の指導を受けて日本人大工が建てたものです。伝統の匠の技と西洋の新しいスタイルを融合した建物が、幕末から明治への激動の時代に芽生えた近代化の始まりを象徴しているようです。

アクセス

尚古集成館・仙巌園へは、JR鹿児島中央駅からカゴシマシティビュー・まち巡りバスで31〜32分、仙巌園（磯庭園）前下車、徒歩すぐ。料金：まち巡りバス170円、カゴシマシティビュー190円。

旧鹿児島紡績所技師館へは、JR鹿児島中央駅からまち巡りバスで30分、異人館前下車、徒歩すぐ。料金：まち巡りバス170円。

立ち寄り周辺スポット

磯工芸館

ガラスにカット文様を刻み込んだ日本独自の美が際立つ薩摩切子は、鹿児島の伝統的工芸品に指定されている。その歴史は、斉彬の集成館事業の一環として始められたガラス製造に始まる。尚古集成館のそばに立つ国登録有形文化財のレトロな洋館を利用するギャラリーショップ、磯工芸館では伝統の薩摩切子を展示・販売。隣接する薩摩切子工場では、制作風景を見学することもできる。

時間：8:30〜17:30　入館料：無料
休み：無休　電話：099-247-8490
アクセス：仙巌園（磯庭園）前バス停下車、徒歩すぐ

富岡製糸場

［とみおかせいしじょう］

日本と西洋の技術が出会い、近代化の礎《いしずえ》となった官営工場
貴重な産業遺産が創業当時の姿をとどめる

赤煉瓦がまばゆい東置繭所。
煉瓦はフランス人の指導のもと、日本の瓦職人が焼いた

世界遺産

上州の地から始まった絹産業の技術革新

明治維新後、欧米列強に追いつこうと殖産興業の政策をとった明治政府。外貨獲得のため目を付けたのが輸出量の多かった生糸でした。生糸の品質改善・生産向上を目指し、フランスから指導者としてポール・ブリュナを招聘《しょうへい》。１８７２（明治５）年、官営の模範工場として富岡製糸場を設立しました。もともと養蚕が盛んな土地だったこと、製糸に必要な大量の水や石炭が確保できることなどから富岡の地が選ばれたのです。

全国から集められた工女は、ここでフランス式の器械製糸の技術を身に付け、故郷に戻ったのち指導者となって製糸業の近代化に貢献しました。

主な建物は木の骨組みに煉瓦積みの壁を組み合わせた木骨《もっこつ》煉瓦造で建造。伝統的な日本瓦を配した屋根との対比が美しい和洋折衷の建物となっています。今も大規模な施設が創業当時の状態で保存されているのは珍しく、貴重な遺産といえます。

指導者ブリュナとその家族が暮らした首長館（ブリュナ館）

上／製糸場は1987（昭和62）年まで115年間にわたり操業を続けた
下／創業時には300釜のフランス式繰糸器が置かれた繰糸場内部

ここが見所

趣のある絹の町・富岡で赤煉瓦の残る施設を探訪

上州富岡駅からレトロな建物や看板が残る富岡の街中を歩くこと約15分、富岡製糸場の正門に到着します。正門からのぞくのは、赤煉瓦造りの美しい建物。長い面と短い面を交互に並べる「フランス積み」という方法で積まれた煉瓦がひときわ目を惹きつけます。これが長さ１００メートルを超える巨大な東置繭所です。その奥にも同規模の西置繭所が配置され、ともに繭の保管に使用されました。窓が多いのは通気性向上のため。窓を開けて風を通し、繭を自然乾燥したのです。現在、東置繭所には展示室と売店が設けられています。

東置繭所・西置繭所とともに国宝に指定される繰糸場《そうしじょう》も見どころのひとつ。明るい陽射しが差し込む場内には、１９８７年の操業停止まで使われたニッサン製の自動繰糸機が保存されています。

釜で繭を煮て、生糸を巻き取る手作業の「座繰《ざぐ》り実演」や、蒸気機関を用いて作業効率を上げた「フランス式繰糸器実演」など、当時の製糸技術を知るイベントも定期的に開催されています。

アクセス

JR高崎駅西口から上信電鉄に乗り換え。高崎駅から上信電鉄で約37分、上州富岡駅下車、徒歩約15分。料金:790円。

世界遺産データ

富岡製糸場と絹産業遺産群

登録年:2014年6月
所在地:群馬県富岡市(富岡製糸場)、伊勢崎市(田島弥平旧宅)、藤岡市(高山社跡)、甘楽郡下仁田町(荒船風穴)　遺産面積:構成資産7.2 ha/緩衝地帯約415ha

立ち寄り周辺スポット

まゆ菓優　田島屋

富岡製糸場正門前にある菓子店。1892(明治25)年創業の老舗で、工女さんたちも通ったという。繭をかたどった葛湯の「まゆこもり」をはじめ、桑の実や桑の葉を餡にとじこめた「まゆくわ最中」、富岡産のシルクとフランス産の砂糖を入れて焼き上げた「シルク・ド・らやき」など、製糸場にちなんだ菓子が揃っているのでお土産にぴったり。

時間:9:30〜17:00　休み:富岡製糸場に準ずる　電話:0274-62-1134(本店)　アクセス:上州富岡駅から徒歩約15分

石見銀山

［いわみぎんざん］

島根県の山間から世界に名を馳せた石見の銀鉱山、町、街道、港が自然と共生する産業遺産を訪ねる

常に公開されている唯一の龍源寺間歩。
全長600mのうち、約150mが見学できる

世界遺産

石見から海を越えて 日本の銀が世界を動かした

かつて日本がシルバーラッシュに沸いたと聞いてもにわかに信じがたいでしょう。16世紀半ばから17世紀前半、日本の銀はアジアやヨーロッパに輸出され、世界の銀の3分の1を占めていたのです。そのほとんどが島根県中央部の山間《やまあい》にある石見銀山から採掘された銀で、石見銀山のあった佐《さ》摩《ま》村にちなみ「ソーマ銀」と呼ばれていました。

石見銀山は戦国時代、九州博多の豪商が発見し、開発を進めました。朝鮮半島から技術者を招き、灰吹法《はいふきほう》という製錬法を導入。これによって良質の銀を大量に生産できるようになったのです。

世界遺産には、鉱山だけでなく、そこに栄えた鉱山町、銀を運んだ街道、そして積み出した港と港町も登録されています。銀の生産から搬出まで全体の史跡が良好に残っていること、また、森林資源を管理するなど、自然と共生した産業遺産であることが評価されています。

仙ノ山の北側にある清水谷製錬所跡は、1895（明治28）年に創業した明治期の遺構

武家や商家、民家が混在しているのが特徴の大森の町並み

右／羅漢寺には、銀山で亡くなった人を供養するため五百羅漢が安置されている
左／温泉津には、大正レトロな趣のある温泉街が伸びる

ここが見所

間歩や歴史的な町並みが銀山の隆盛を今に伝える

石見銀山のかつての繁栄を想像するのは簡単ではないかもしれません。間歩《まぶ》と呼ばれる、鉱石を掘った後にできる坑道がわずかに銀山の名残を伝えています。調査によると約６００カ所も見つかっているそうですが、見学できるのは一般公開する「龍源寺《りゅうげんじ》間歩」や、ガイドツアーで入れる「大久保間歩」のみ。間歩の暗闇のなかを歩くと、人力で岩を掘り、砕き、運び出していた多くの先人たちの労苦や暮らしに自然と思い至ります。

また、世界遺産に登録された価値を知るには、大森や温泉津《ゆのつ》の町並み散策も欠かせません。いずれも石州瓦の赤い屋根の町家が立ち並び、国の重要伝統的建造物群保存地区に選定されています。大森は江戸時代の趣を残した通りが印象的。古民家を活かしたカフェや商店があり、散策の足取りも軽くなります。一方、積み出し港として栄えた温泉津はレトロな雰囲気で、温泉も湧いています。

アクセス

出雲縁結び空港からは、空港連絡バス出雲市駅線で約25分、出雲市駅下車。JR出雲市駅から山陰本線で約40～50分（特急約25分）、JR大田市駅下車。そこから石見交通バス世界遺産センター行きで24～33分、終点下車。料金：空港連絡バス720円、JR580円（特急+750円～）、石見交通バス750円。

JR広島駅（新幹線口）からは、石見交通バス石見銀山号で約2時間40分、世界遺産センター下車。料金：3090円。

世界遺産データ

石見銀山遺跡とその文化的景観

登録年：2007年7月
所在地：島根県太田市
遺産面積：構成資産529ha／緩衝地帯3,134ha

立ち寄り周辺スポット

cafe住留（ジュール）

大森の古い町並みに溶け込むように立つ、古民家を利用したカフェ。モダンなインテリアが落ち着いた雰囲気で、散策途中の休憩に立ち寄りたい。島根和牛を煮込んだ牛すじトロトロハヤシなどもあり、ランチにもぴったり。

時間：10:00～夕暮れ　休み：不定休
電話：0854-89-0866　アクセス：世界遺産センターから石見交通バス大森代官所跡行きで、大森下車、徒歩約5分

長崎市の大浦天主堂（国宝）は日本最古の教会堂

長崎の教会群とキリスト教関連遺産
［ながさきのきょうかいぐん と きりすときょうかんれんいさん］

弾圧下で受け継がれてきた
キリスト教信仰の証し

1549（天文18）年、宣教師ザビエルにより日本に伝えられたキリスト教。長崎県周辺を中心に信仰が広まりましたが、その後、豊臣秀吉や徳川家康による禁教政策によって弾圧されます。しかし、信者は隠れキリシタンとなって、山間部や離島に移住したり、仏教徒を装ったりして信仰を守り続けました。開国後、大浦天主堂の神父に信徒が信仰を告白すると、約250年もの潜伏を経ての「信徒発見」の出来事は世界中を驚かせました。明治に入り、禁教が解かれると県内各地に教会が建てられ、現在も県内には130を超える教会が点在しています。「長崎の教会群とキリスト教関連遺産」は大浦天主堂をはじめ、平戸や五島列島の教会や集落など14の資産から構成され、キリスト教の伝来と繁栄、弾圧と潜伏、復活という3つの時代を物語っています。

大浦天主堂

所在地：長崎市南山手町5-3　時間：8:00〜18:00　料金：大人600円、中高生400円、小学生300円
電話：095-823-2628　アクセス：JR長崎駅前から長崎電気軌道で大浦天主堂下下車、徒歩約5分

Part

2

文化遺産／歴史・文化

富士山

［ふじさん］

神仏と出会える聖地として、また芸術のモチーフとして
古《いにしえ》より日本人の精神に息づいてきた名峰

河口湖に移る逆さ富士。
多くの創作活動にインスピ
レーションを与えてきた

右ページ／富士山の伏流水を水源とする湧水池・忍野八海の鏡池
左ページ／富士山を浅間大神として祀る浅間神社の総本宮・富士山本宮浅間大社

世界遺産

美しく雄大な名峰に信仰や芸術を見いだす

標高3376メートル、日本一の高さを誇る独立峰・富士山。その優美な姿で古くから日本人の心の拠りどころとして親しまれてきました。

大昔より噴火を繰り返す富士山は、畏敬の念から霊山として信仰されます。平安時代に修験道が成立し、9世紀には富士山を祀る浅間《せんげん》神社も建立。この富士山信仰における特色は登拝《とはい》です。信仰を目的とした登山は、江戸時代、富士講として庶民の間で隆盛。忍野八海《おしのはっかい》などの湧水池では、登拝前に穢《けが》れを払う水垢離《みずごり》の儀式が行われました。

一方、秀麗な富士の姿は芸術活動にも大きな影響を与えました。日本最古の歌集『万葉集』にも富士山を詠んだ和歌が残され、葛飾北斎の『冨嶽三十六景』のように多くの絵画にも描かれてきました。名峰であるのみならず、信仰の対象と芸術の源泉として価値が評価され、登山道や湖沼なども含む25の構成資産が世界遺産に登録されました。

上／山中湖から眺める紅葉に彩られた富士山。山中湖は富士山の火山活動によって形成されたせき止め湖
下／精進湖畔から見えるのは大室山を抱いた「子抱き富士」。山頂に笠雲もかかる

ここが見所

湖畔で満喫する逆さ富士や季節の花との競演

なだらかな裾野を広げる美しい富士山の眺めを引き立てるのは、北麓に点在している富士五湖です。構成資産にも含まれる富士五湖は、西湖《さいこ》、精進湖《しょうじこ》、本栖湖《もとすこ》、山中湖、河口湖からなります。数々の芸術家にインスピレーションを与えてきた富士五湖と富士山の織りなす美しい景色を求めて、湖畔のドライブに出かけてみましょう。

富士五湖のなかで最も長い湖岸線をもつ河口湖はホテルが立ち並び、リゾートの雰囲気に包まれます。最も高い標高に位置するのは山中湖で、富士山頂に太陽が重なるダイヤモンド富士が見られる撮影地としても人気です。富士山が湖面に映る逆さ富士が美しい本栖湖は、千円札の裏に描かれていることでも知られています。ミツバツツジやシバザクラ、ラベンダー、紅葉などが湖畔を彩る季節も見逃せません。富士山との華麗な競演に思わずシャッターを切ってしまうことでしょう。

アクセス

河口湖方面へは、新宿高速バスターミナルから富士急行バス（高速バス）で約1時間50分、河口湖駅下車。料金：1750円。

世界遺産データ

富士山――信仰の対象と芸術の源泉

登録年：2013年6月
所在地：山梨県富士吉田市、身延町、鳴沢村、富士河口湖町、山中湖村、忍野村、静岡県静岡市、富士宮市、富士市、裾野市、御殿場市、小山町
遺産面積：構成資産20,702ha／緩衝地帯49,628ha

立ち寄り周辺スポット

浅間茶屋 本店

構成資産のひとつ、北口本宮冨士浅間神社（山梨県富士吉田市）のすぐ近くにある食事処。山梨名物のほうとうや富士吉田の郷土食・吉田うどんが味わえる。共に手打ちにこだわった麺はもちもちとして味わい深い。ほうとうは定番のかぼちゃをはじめ、きのこやキムチなど種類も豊富。
時間：11:00～18:00　料金：かぼちゃほうとう1130円、吉田うどんの定食1620円ほか　休み：無休　電話：0555-30-4010
アクセス：JR大月駅から富士急行線で約50分、富士山駅下車。富士山駅から車で約6分

02
文化遺産／歴史・文化
白川郷・五箇山の合掌造り集落

白川郷

［しらかわごう］

山懐に抱かれた素朴な田園風景に
茅葺き屋根の合掌造りが寄り添う
それはどこか懐かしく美しい
日本の原風景

雪に覆われた合掌造り家屋。かつては冬になると交通が遮断されていたという秘境だった

世界遺産

豪雪地帯に暮らす人々の知恵が生み出した合掌造りの家屋

飛騨山地から富山湾に注ぐ庄川流域に点在する合掌造りの集落。岐阜県・白川郷の荻町《おぎまち》と富山県・五箇山《ごかやま》の菅沼《すがぬま》、相倉《あいのくら》の3つの集落が世界遺産に登録されています。なかでも白川郷の荻町集落は規模が大きく、合掌造り家屋が59棟残っています。

掌《てのひら》を合わせるように三角形に組んだ切妻造りの茅葺き屋根が特徴の合掌造り。深い山間《やまあい》の豪雪地帯にあって、急勾配の屋根は積もった雪が滑り落ちやすいようにと工夫されたものです。3〜5層になった内部の空間は養蚕や煙硝《えんしょう》（火薬の原料）の生産などの作業場として活用されてきました。

合掌造りの家屋を維持するために約30〜40年に1度屋根の葺き替えが必要になりますが、これは「結《ゆい》」と呼ばれる互助組織により行われてきました。厳しい自然環境で生まれた合掌造り家屋は、景観だけでなく、この土地独自の暮らしや文化も育んできたことから貴重な遺産といえるでしょう。

展望台から荻町集落を一望する。展望台へはシャトルバスが運行している

雪に包まれた集落がライトアップされる白川郷の夜景

右／囲炉裏があるのは「オエ」と呼ばれる板敷きの部屋
左／障子窓から多層構造になっているのが外からも見てとれる

ここが見所

懐かしい雰囲気の山里を散策 クライマックスは展望台からの眺め

のどかな田園風景の広がる荻町集落は、歩いて回るのにちょうどよい大きさ。昔話の世界に迷い込んだかような気分で散策してみましょう。

まずは公開されている合掌造りの家屋の見学へ。そのひとつ、築３００年を経た「和田家」は国指定重要文化財。今もここで生活が営まれています。囲炉裏や養蚕用民具、囲炉裏の煙で長年燻されて黒光りした梁などに歴史を感じます。屋根裏の木組みを見て驚くのは、釘などの金属を一切使わず、縄で縛って固定してあること。これも積雪の重みに耐えるための先人の知恵なのです。

そして、高台にある展望台へ。合掌造りの集落全体を一望できる人気のスポットです。山々に抱かれ、三角形の屋根が肩を寄せ合うように立ち並ぶ風景はどこか郷愁を誘います。冬には、幻想的なライトアップのイベントも開催されていて、日常とは違った景観も感動的です。

アクセス

JR高山駅前の高山濃飛バスセンター4番乗り場から濃飛バス白川郷・金沢線、または白川郷・富山線で約50分、白川郷下車。料金：2470円。JR名古屋駅前の名鉄バスセンター3階7番乗り場から岐阜バス高速白川郷線で約2時間50分、終点下車。料金：3600円（予約制）。

世界遺産データ

白川郷・五箇山の合掌造り集落

登録年：1995年12月

所在地：岐阜県大野郡白川村（白川郷）、富山県南砺市（五箇山）

遺産面積：構成資産68ha／緩衝地帯58,873ha

立ち寄り周辺スポット

白川郷の湯

荻町集落内にある唯一の日帰り温泉施設。ナトリウム塩化物温泉の湯が体を芯から温めてくれる。男女別に、檜の香りただよう内風呂や庄川のせせらぎが聞こえる露天風呂、サウナを備えている。館内には飛騨牛朴葉味噌焼きや鶏ちゃん陶板焼きなどのご当地グルメを味わえる食事処「与ぜ」も併設。また、宿泊施設としての利用も可能だ。

時間：7:00～21:30（受付は～21:00）

料金：大人700円、小人（小学生）300円、6歳未満は無料　休み：無休

電話：05769-6-0026

アクセス：白川郷バス停から徒歩約15分

姫路城

[ひめじじょう]

1993年12月、奈良の法隆寺とともに
日本初の世界文化遺産に登録された姫路城
築城以来400年の時を超えて
今もその美しさは人々の心を捉えて離さない

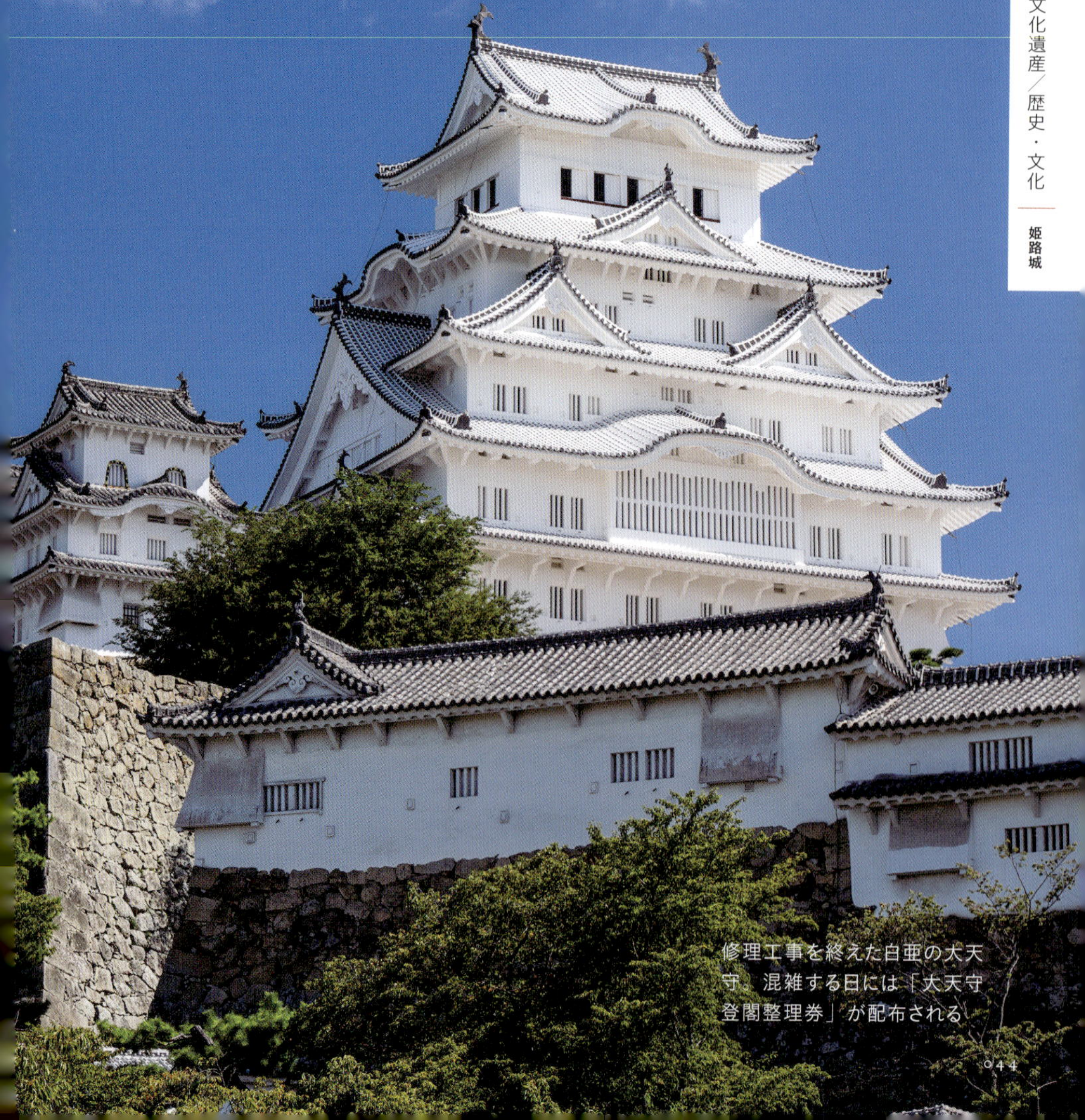

修理工事を終えた白亜の大天守、混雑する日には「大天守登閣整理券」が配布される

世界遺産

輝きを取り戻した日本を代表する城郭建築

2015年3月、平成の修理を終え、まばゆいばかりに白く輝く優美な姿を現した姫路城。5層の大天守と東・西・乾《いぬい》の3つの小天守が渡櫓《わたりやぐら》で結ばれた連立式天守が威風堂々とそびえます。幾重にも重なる屋根や、屋根を飾る千鳥破風《ちどりはふ》、唐《から》破風、そして白漆喰《しろしっくい》総塗籠《そうぬりごめ》造りの城壁が相まって、「白鷺城」と親しまれてきたのも納得の美しさです。

姫路城の歴史は、中世、赤松氏が姫山に砦を築いたことに始まります。戦国時代、羽柴（豊臣）秀吉が居城。その後、関ヶ原の戦いで武功をあげた池田輝政が入城し、9年の歳月をかけて現在にも残る城郭を造営しました。そして、次の藩主家となった本多忠政が、嫡男・忠刻とその妻・千姫の居住空間として西の丸を整備し、姫路城を完成させたのです。8棟が国宝に、74棟が重要文化財に指定され、17世紀初頭の日本の城郭建築を代表する最高傑作として高く評価されています。

二の丸入口に立つ菱の門は城内最大の門。安土桃山時代の様式を残す

上／桜が彩りを添えるはの門。土塀には四角や三角の挟間が見られる
下／天守閣内部の廊下。壁面の武具掛けには槍や鉄砲を備えていた

ここが見所

迷路のような城内を歩き姫路城の真価を知る

白鷺が羽を広げたような美しい姿にたとえられる姫路城。しかし、城内に入ると防衛に優れた要塞としての一面が明らかになってきます。

城郭の配置となる縄張りは、江戸城にならった三重の螺旋式で、迷路のように複雑です。表門となる菱の門をくぐると、「い・ろ・は」の順に設けられた門へと進みます。しかし、途中の道は狭く、曲がりくねり、強固な石垣は上に行くほどに急勾配となっています。さらに門や塀には矢や槍、鉄砲で攻撃するための「挟間《さま》」や、櫓の隅には石を落とし、熱湯を注ぐ「石落とし」などを配し、敵の侵入を防ぐための工夫が随所に見られます。

実戦向きに造られた姫路城ですが、一度も戦いの場となることはなく、また第2次世界大戦中にも奇跡的に焼失を免れ、ほぼ完全に当時の様式をとどめています。城郭を眺めるだけでなく、入城して城の機能性にも注目してみましょう。

アクセス

JR姫路駅北口から神姫バスで約5分、姫路城大手門前下車、徒歩約5分。料金：100円。または JR姫路駅から徒歩20分。

世界遺産データ

姫路城

登録年：1993年12月
所在地：兵庫県姫路市　遺産面積：構成資産107ha／緩衝地帯143ha

立ち寄り周辺スポット

姫路城西御屋敷跡庭園好古園

姫路城の南西に広がる約1万坪の日本庭園。姫路城を借景とした池泉回遊式の庭を歩くと、江戸の情緒が感じられる。庭園は、1618（元和4）年に藩主本多忠政が造営した西御屋敷などの地割を活かして建造されたもの。錦鯉の泳ぐ大池を配した「御屋敷の庭」や池にせりだした四阿（あずまや）が風情豊かな「築山池泉の庭」など大小9つの庭園群で構成されている。園内には本格的な数寄屋造りの茶室「双樹庵」や、庭を眺めながら食事や喫茶を楽しめるレストラン「活水軒」もある。

時間：9:00～17:00（4月27日～8月は～18:00）　料金：大人300円、小・中学生および高校生150円　休み：12月29・30日　電話：079-289-4120
アクセス：姫路城大手門前バス停から徒歩約5分

熊野古道

［くまのこどう］

深い森に包まれた紀伊山地で発展した3つの霊場
日本古来の自然崇拝に根差し、神と仏が交わる

熊野古道・中辺路（なかへち）にある大門坂は、那智大社へと続く石敷きの参道

上／山岳地帯の紀伊半島では、高温多雨の気候が深い森林を育んでいる
下／熊野本宮大社は熊野詣始まりの場所。この後、熊野速玉大社、熊野那智大社とめぐる

熊野那智大社の境内にある御県彦社（みあがたひこしゃ）の前には
熊野の神様のお使い、八咫烏（やたがらす）の像が置かれる

世界遺産

熊野古道が結んだ
神仏習合の霊場・熊野三山

世界遺産に登録された３つの霊場のひとつ、「熊野三山《くまのさんざん》」は、熊野本宮《ほんぐう》大社、熊野速玉《はやたま》大社、熊野那智大社を合わせた呼び名です。標高１０００～２０００メートル級の山々が連なる紀伊山地では、古くから自然信仰が浸透し、３つの神社は別個の自然崇拝の起源を持っていました。しかし、６世紀に大陸から仏教が伝来。平安時代には神と仏が結びつく神仏習合の思想が広まり、三社が相互に関連して熊野三山が成立しました。熊野は神々が住まう浄土と考えられ、多くの巡礼者が御利益を求めて、熊野古道と呼ばれる熊野三山への参詣道を歩いたのです。

主祭神に家都美御子大神《けつみみこのおおかみ》（素戔嗚尊《すさのおのみこと》）を祀る熊野本宮大社は、熊野三山の中心で、全国に３０００社以上ある熊野神社の総本宮。深い山のなかに立つ檜皮葺《ひわだぶき》の重厚な社殿や、杉の巨木が並ぶ境内など、厳かな雰囲気に包まれています。

緑の山を背景に青岸渡寺の朱塗りの三重塔と那智大滝の白い流れがよく映える

ここが見所

神々しい大滝を御神体に 神仏習合を今に伝える

那智原始林から轟音とともに流れる那智大滝。日本一を誇る落差133メートルを一気に落ちる姿を間近に捉えると、古《いにしえ》の人々と同じように神の存在を意識し、畏敬の念を抱くことでしょう。

この大滝を信仰の対象としているのが熊野那智大社です。主祭神は夫須美大神《ふすみのおおかみ》という女神。石段を登った先に緑に包まれた境内が広がり、朱塗りの鳥居や拝殿が立ち並んでいます。境内に隣接して青岸渡寺《せいがんとじ》がありますが、明治の神仏分離政策以前は那智大社と一体となっており、現在も神仏習合の雰囲気を色濃く残しています。境内から見下ろせば、青岸渡寺の三重塔が大滝を背景に立つ姿が目に入ります。大滝のそばには、滝を御神体にする別宮・飛瀧《ひろう》神社もあり、拝所に立つと霧のように飛んでくる滝の水飛沫《しぶき》が心地よいです。圧倒的ともいえる自然景観のなかに心の拠りどころを求める日本人の宗教観を強く感じる世界遺産です。

アクセス

熊野本宮大社へは、JR新大阪駅からJR特急くろしおで約2時間10分、紀伊田辺駅下車。そこから明光バス・龍神バス本宮大社方面行きで約2時間、本宮大社前下車。料金：JR4750円、バス2060円。

熊野那智大社へは、JR新大阪駅からJR特急くろしおで約3時間50分、紀伊勝浦駅下車。そこから熊野交通バス那智山方面行きで約25分、那智山下車。

料金：JR6370円、バス620円。

世界遺産データ

紀伊山地の霊場と参詣道

登録年：2004年7月

所在地：三重県尾鷲市、熊野市、大紀町、紀北町、御浜町、紀宝町、奈良県五條市、吉野町、黒滝村、天川村、野迫川村、十津川村、下北山村、上北山村、川上村、和歌山県新宮市、田辺市、かつらぎ町、九度山町、高野町、白浜町、すさみ町、那智勝浦町　遺産面積：構成資産495ha／緩衝地帯11,370ha

立ち寄り周辺スポット

つぼ湯

湯の峰温泉のほぼ中心に位置するつぼ湯は、熊野詣の湯垢離場として世界遺産にも登録されている由緒ある温泉。小さな湯船は30分貸切交替制。

時間：6:00〜21:30　料金：大人770円、12歳未満460円　休み：無休　電話：0735-42-0074　アクセス：JR紀伊田辺駅から本宮大社方面行きバスで約1時間50分、湯峰温泉下車、徒歩すぐ

原爆ドーム

［げんばくどーむ］

被爆時の姿を残す歴史の証人
平和を誓うシンボルとして今日も世界へメッセージを送る

02
文化遺産／歴史・文化
原爆ドーム

爆風と熱線により屋根が吹き飛び、むきだしになった鉄骨が痛々しい

世界遺産

戦争の傷あとを残す廃墟から平和を訴える〝負の遺産〟へ

原爆ドームは、1915（大正4）年、広島の産業振興のために建てられた洋風建築の建物で、広島の名所として親しまれていたといいます。

しかし、その日はやってきます。1945（昭和20）年8月6日、アメリカ軍のB29爆撃機が広島市上空で原子爆弾を投下。人類史上初めて核兵器が使用されたのです。あたり一面は一瞬にして廃墟と化し、多くの人命が奪われました。

ところが、その建物は爆心地に近かったにもかかわらず、ドーム型の鉄骨と一部の外壁を残し、奇跡的に倒壊を免れました。いつしかその建物は原爆ドームと呼ばれるようになりました。

1996年、原爆ドームは、戦争の悲惨さを伝え、核兵器廃絶と平和を願うシンボルとして世界遺産に登録されました。ポーランドにある「アウシュヴィッツ」のように、人類の過ちを記憶にとどめる役割から「負の遺産」とも呼ばれています。

毎年8月6日には、慰霊と平和への祈りを込めて灯籠流しが行われる

上／近代的な街並みに溶け込む原爆ドームを遊覧船から眺めることも
下／1954（昭和29）年に完成した平和記念公園の原爆死没者慰霊碑のモニュメント

ここが見所

核兵器の禍々しい記憶をとどめ世界へ平和の尊さを発信する

緑に囲まれた公園、静かに流れゆく元安川《もとやすがわ》という穏やかな風景のなかに、無惨な姿をとどめている原爆ドーム。その対照的な存在を目《ま》のあたりにすると、経験していない者にさえ戦争や原爆というものが重みをもって胸に迫ってきます。

原爆ドームの保存は初めから決まっていたわけではありません。取り壊しを求める声も多かったといいます。しかし、戦争の悲惨さを後世に伝えるために残すべきだという市民団体の運動が本格化し、広島市が保存を決定。その後、1996年の世界遺産登録へと道のりを歩んでいきました。

被爆という惨禍を経て、終戦後、原爆ドームの周辺は「平和記念公園」として整備されました。園内に建ち、原爆に関する資料を多数展示する「広島平和記念資料館」も必ず訪れたい場所です。元安橋のたもとからは元安川や太田川を巡る遊覧船が出ています。見上げると原爆ドームがすぐそこに。川面から今の広島の街並みを眺めていると、平和の大切さが心に沁み入ってくるようです。

アクセス

JR広島駅（南口）から広島電鉄2号線宮島口、または西広島駅行き、6号線江波行きで約20分、原爆ドーム前電停下車。料金：160円。

世界遺産データ

原爆ドーム

登録年：1996年12月
所在地：広島県広島市
遺産面積：構成資産0.4ha／緩衝地帯43ha

立ち寄り周辺スポット

広島城

1589（天正17）年、毛利輝元によって築城された平城。1931（昭和6）年に国宝に指定されていた天守閣は、原爆によって倒壊し、1958（昭和33）年に復元された。内部は歴史資料館となっていて、史料や武具の展示のほか、鎧や兜などの体験コーナーも。広島城址公園では、原爆を生き延びたユーカリやマルバヤナギなどの「被爆樹木」を見ることもできる。

時間：9:00〜18:00（入館は〜17:30）、12〜2月は9:00〜17:00（入館は〜16:30）、季節により変動あり　料金：大人370円、高校生・65歳以上180円、中学生以下無料　休み：年末、臨時休館あり　アクセス：広島電鉄紙屋町東電停下車、徒歩約15分

屋根の上の龍など、中国の影響が色濃い首里城正殿

琉球王国のグスク

[りゅうきゅうおうこくのぐすく]

南の島に残されたグスクが語りかけてくる
琉球王国の興亡の歴史

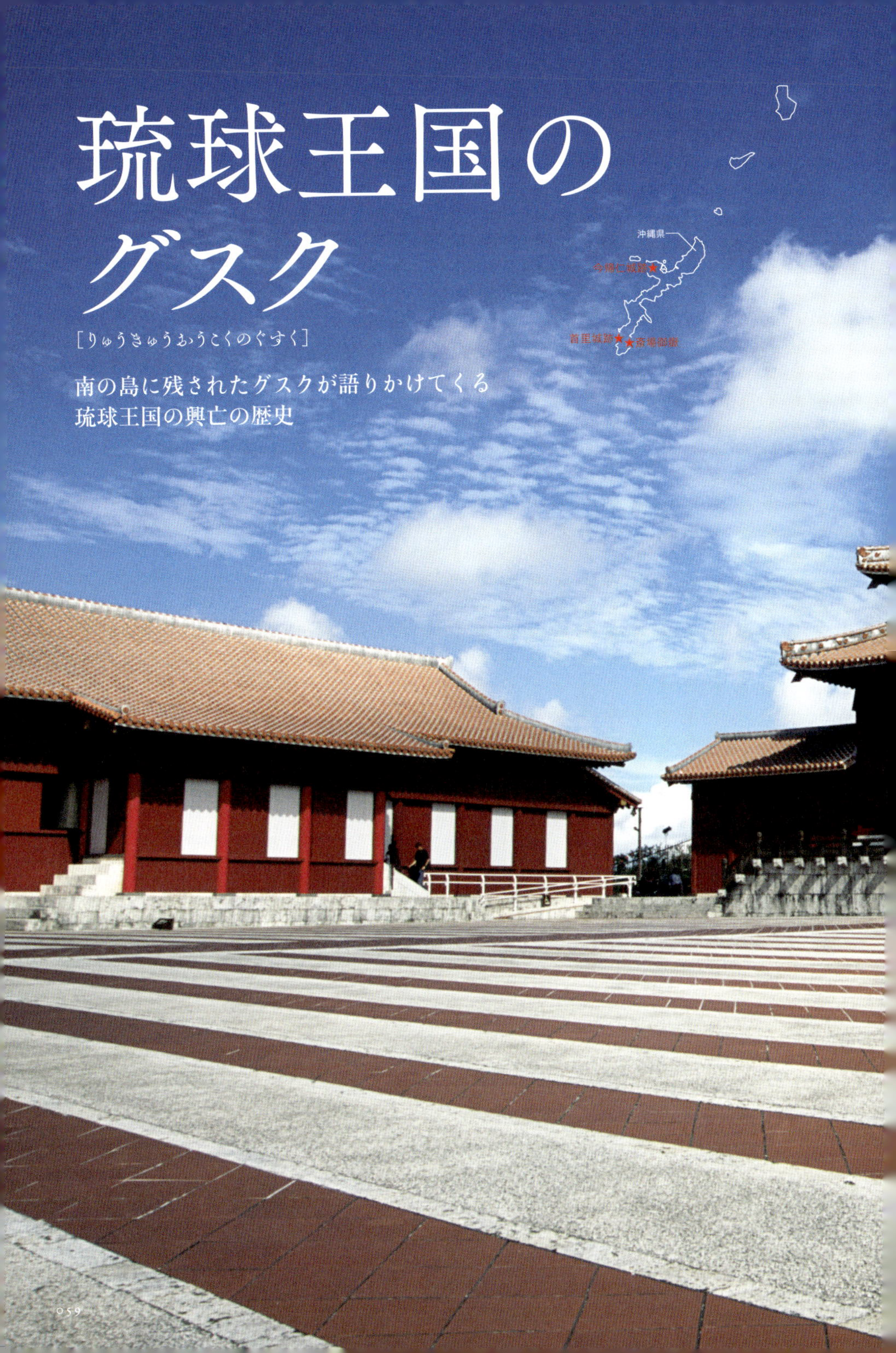

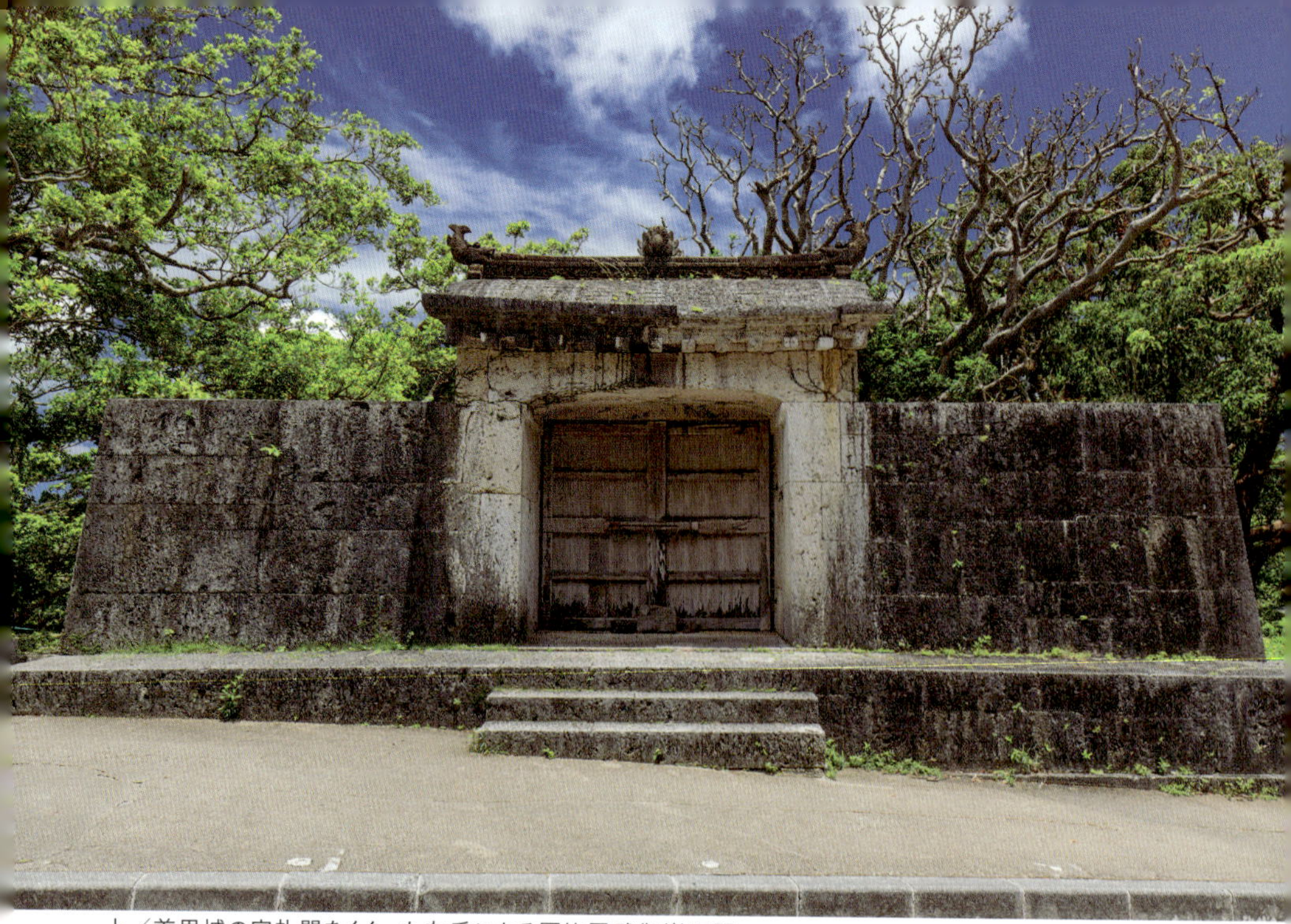

上／首里城の守礼門をくぐった左手にある園比屋武御嶽石門
下／首里城の西に造営された玉陵。板葺き屋根の宮殿を模した石造建造物

庭園の中心に心字池が配された廻遊式庭園の識名園

世界遺産

独自の文化が開花した 琉球王国の記憶をたどる

14世紀の沖縄は、按司《あじ》と呼ばれる豪族がグスク（城）を築き、北山《ほくざん》、中山《ちゅうざん》、南山《なんざん》と3つの地域に分かれて覇権を争う三山時代でした。1429年、尚巴志《しょうはし》により統一され、琉球王国が誕生します。以来約450年にわたり歴代の王の居城かつ、政治や外交、文化の中心となったのが、高台に築かれた色鮮やかな「首里城」です。

中国や東南アジア、日本などとの交易によって栄えた琉球王国では、赤や金など極彩色あふれる正殿に代表されるように、当時の日本とは異なる独自の文化が発展しました。正殿前の赤と白のストライプが印象的な御庭《うなー》では、中国の使者を迎える冊封《さっぽう》儀式が盛大に繰り広げられていたのです。

周辺には歴代国王が眠る石造りの墓「玉陵《たまうどぅん》」や王家の別邸や迎賓館として利用された「識名園《しきなえん》」、国王の拝所である「園比屋武御嶽石門《そのひゃんうたきいしもん》」と首里城に関連する史跡も点在しています。

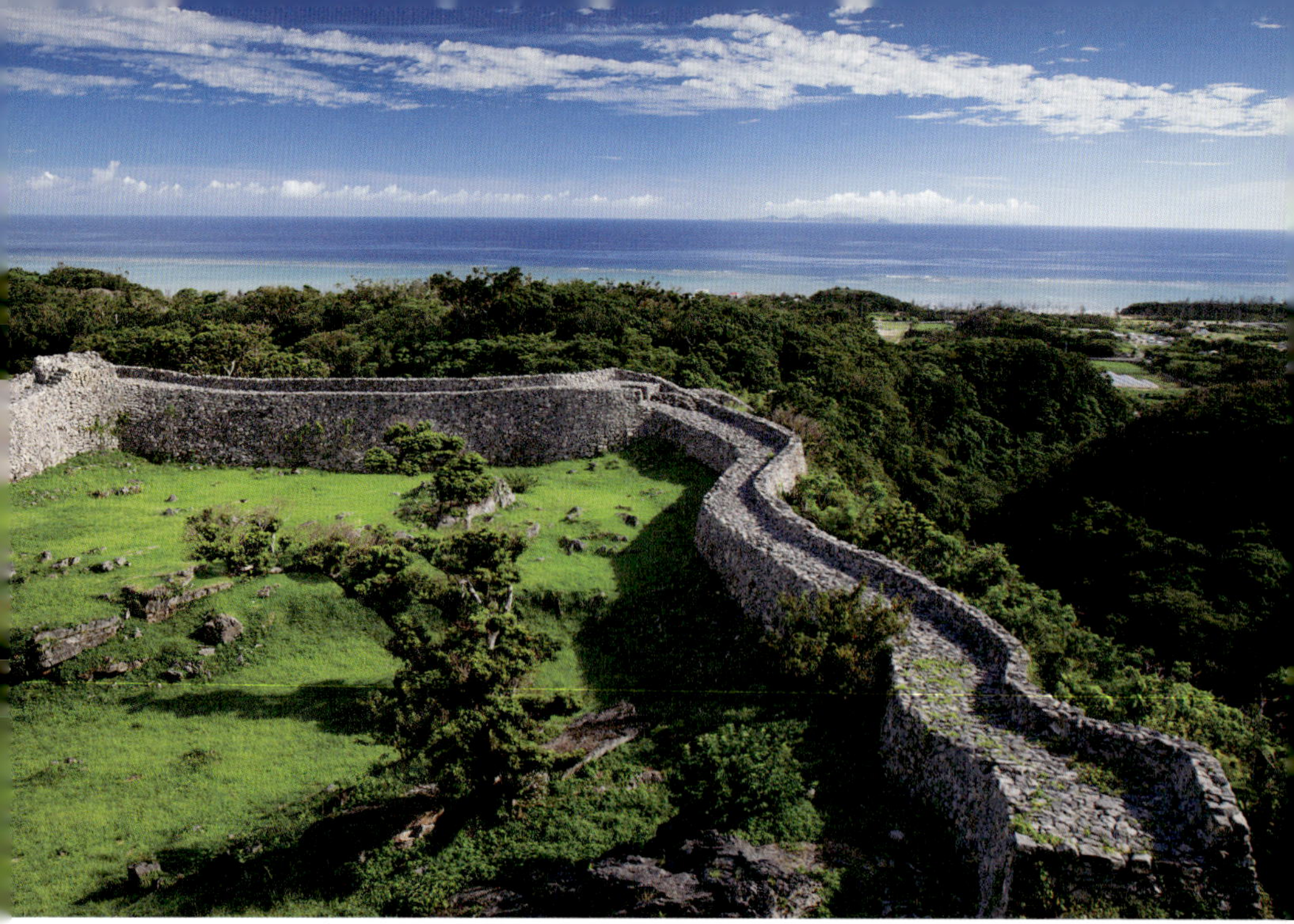

上／石灰岩を積み上げた城壁の曲線美が雄大な自然に映える今帰仁城跡
下／巨大な２つの岩が三角形の入口を作る三庫理（さんぐーい）。かつては男子禁制だった

ここが
見所

首里城だけじゃない沖縄の世界遺産を訪ねる

「琉球王国のグスク及び関連遺産群」の世界遺産には、首里城跡をはじめ、9つの構成資産が含まれています。なかでも今帰仁《なきじん》城跡《じょうあと》と斎場御嶽《せーふぁうたき》は、沖縄の玄関口である那覇からわざわざ足を伸ばして訪ねる価値のある遺産です。

沖縄本島北部に位置する今帰仁城跡は、三山時代の北山王が拠点としたグスクで、首里城に次ぐ規模を誇りました。丘陵の地形に沿って築かれた全長1500メートルにも及ぶ城壁が見事。グスクの上からは青く輝く東シナ海を一望できます。

一方、本島南部の南城市にある斎場御嶽は、神の島、久高島《くだかじま》を望み、琉球王国のなかで最も神聖な場所です。うっそうと生い茂る樹木と巨大な岩山があるだけですが、かえって神々しい雰囲気に包まれる気がします。近年、パワースポットとして人気ですが、現在も住民の信仰の場となっているので、マナーを守って訪れましょう。

アクセス

首里城跡へは、那覇空港からゆいレールで約30分、首里駅下車、徒歩約15分。料金：330円。今帰仁城跡へは、那覇空港から車で約1時間50分。斎場御嶽へは、那覇空港から普天間空港線（25番）、または宜野湾空港線（26番）バスに乗り、那覇バスターミナルで下車。そこから東陽バス志喜屋線（38番）に乗り、斎場御嶽入口下車、徒歩約10分。所要時間は約1時間15分。料金：1060円

世界遺産データ

琉球王国のグスク及び関連遺産群

登録年：2000年12月

所在地：沖縄県国頭郡今帰仁村、中頭郡読谷村・北中城村・中城村、うるま市、那覇市、南城市

遺産面積：構成資産55ha／緩衝地帯560ha

立ち寄り周辺スポット

沖縄美ら海水族館（海洋博公園内）

入口から館内を進むにつれ、サンゴ礁や黒潮、さらには深海へと、沖縄の海のなかを深く潜っていくかのような展示に魅了される。ジンベエザメが泳ぐ世界最大級の水槽「黒潮の海」はぜひ見ておきたい。

時間：8:30〜20:00（10~2月は〜18:30）、入館は閉館の1時間前まで　料金：大人1850円、高校生1230円、小・中学生610円　休み：12月の第1水曜とその翌日　電話：0980-48-3748

アクセス：今帰仁城跡から車で約20分

1959（昭和34）年3月に竣工した国立西洋美術館本館（重要文化財）

国立西洋美術館

［こくりつせいようびじゅつかん］

国境を越えて登録を目指す ル・コルビュジエの作品群

2016年の世界遺産委員会で審議される国立西洋美術館（本館）。フランスを中心に、アルゼンチン、ベルギー、ドイツ、インド、スイス、日本の7カ国で登録を目指す「ル・コルビュジエの建築作品—近代建築運動への顕著な貢献—」の構成資産のひとつです。

ル・コルビュジエは近代建築を代表する建築家で、同館は日本に残る彼の唯一の作品。「無限に成長する美術館」というル・コルビュジエのコンセプトのもと、弟子の前川國男や坂倉準三、吉阪隆正が実施設計を担当しました。円柱で2階部分を持ち上げて吹き抜け空間を配した1階のピロティや、展示室をスロープで結んだ渦巻き状の動線、自然光を採り入れた照明設計などが特徴となっています。東京に初めての世界文化遺産が誕生するか結果に期待が寄せられます。

所在地：東京都台東区上野公園7-7　時間：9:30〜17:30、金曜は〜20:00　休み：月曜（祝日の場合は火曜休み）、年末年始、臨時休館あり　料金：常設展一般430円、大学生130円　電話：03-5777-8600（ハローダイヤル）　アクセス：JR上野駅（公園口出口）から徒歩すぐ

Part 3 文化遺産／社寺

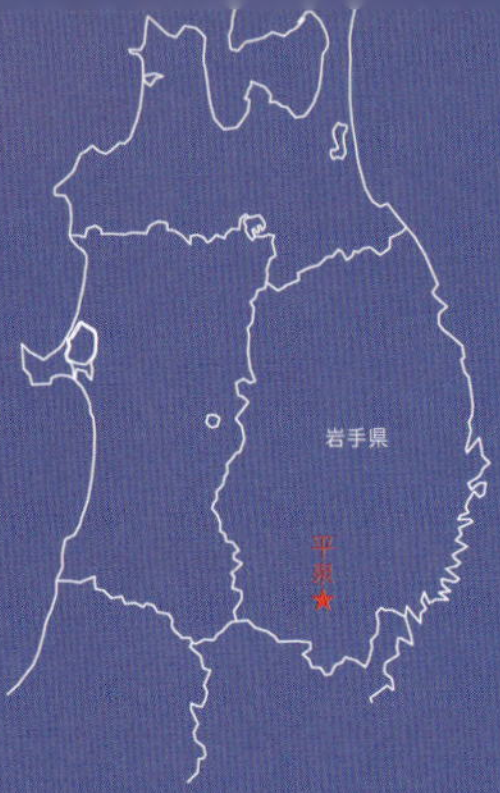

平泉

[ひらいずみ]

平安時代末期の〝みちのく〟に
藤原氏三代が築いた
金色に輝く平和の理想郷

岩手県

03
文化遺産／社寺

平泉―仏国土(浄土)を表す建築・庭園及び考古学的遺跡群―

特別史跡及び特別名勝に指定
されている毛越寺の浄土庭園

世界遺産

藤原氏三代が追求した仏国土を表す浄土庭園

２０１１年に登録された平泉の世界遺産は、中尊寺《ちゅうそんじ》をはじめ、毛越寺《もうつうじ》、観自在王院跡《かんじざいおういんあと》、無量光《むりょうこう》院跡《いんあと》、金鶏山《きんけいさん》の５つの資産で構成されています。

平安時代末期の約１００年にわたりこの地を治めたのは奥州藤原氏でした。11世紀後半、「前九年合戦」「後三年合戦」という2つの戦いで父や妻子を失った初代清衡《きよひら》が、戦乱で亡くなったすべての人々の霊を慰め、仏の教えによる平和の理想郷・仏国土《ぶっこくど》を現世に実現しようと中尊寺を建立したといいます。その願いを受け継いだ2代基衡《もとひら》が毛越寺を、3代秀衡《ひでひら》が無量光院をそれぞれ造営。観自在王院は2代基衡夫人の建立と伝えられています。

平泉の中心にある金鶏山を背景に浄土庭園も造られました。仏堂と池泉を配した庭園は、浄土思想と日本人の自然を尊ぶ精神が融合したもので、仏国土の象徴的な存在でした。大泉が池の広がる毛越寺庭園などでその世界にふれられます。

国宝の中尊寺金色堂には、本尊阿弥陀如来座像を中心とした3つの須弥壇が安置される

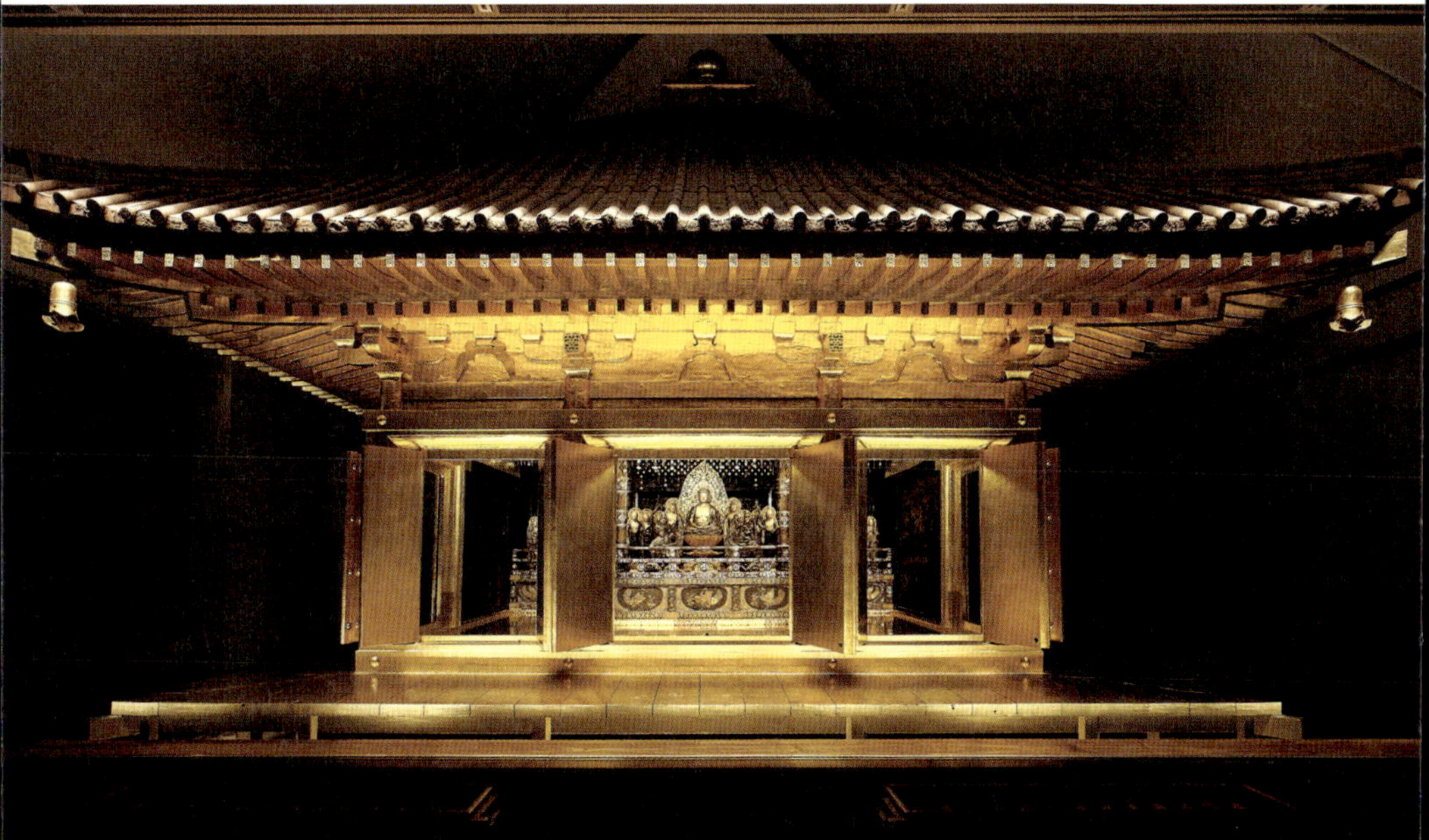

上／紅葉に彩られた新覆堂の中に清衡の願いが込めた金色堂が収められる（中尊寺）
下／杉並木が続く中尊寺の月見坂は本堂や金色堂への参道

ここが見所

松尾芭蕉も訪れた光輝く金色堂

国宝の中尊寺金色堂は、内外に金箔が押された阿弥陀堂です。内部中央には金色に輝く阿弥陀如来像が鎮座し、4本の巻柱《まきばしら》や須弥壇《しゅみだん》（仏壇）にいたるまで惜しみなく金や銀、螺鈿《らでん》、蒔絵《まきえ》などが飾られています。その荘厳華麗な姿に初代清衡の浄土への強い思いを見るようです。広い境内には本堂や不動堂、文化財を収蔵する宝物館の讃衡蔵《さんこうぞう》なども点在。17世紀末にこの地を訪れた松尾芭蕉が残した「五月雨の 降残してや 光堂」の句碑を見つけることも。樹齢300年以上ともいわれる杉木立が続く参道は荘厳な雰囲気に包まれ、歩いていると不思議と穏やかな気持ちになります。

平泉の歴史について深く知るには、平泉文化遺産センターを訪ねるのがおすすめです。パネルや年表、映像などでわかりやすく解説しているので、中尊寺や毛越寺を訪ねる前に立ち寄っておくと、世界遺産の価値を理解しやすくなるでしょう。

アクセス

中尊寺へは、JR一ノ関駅からJR東北本線で約8分、平泉駅下車、徒歩約25分。料金：200円。またはJR一関駅から岩手県交通バス国道南線で約20分、中尊寺下車。料金：360円。毛越寺へは、JR平泉駅から徒歩約7分。

世界遺産データ

平泉—仏国土（浄土）を表す建築・庭園及び考古学的遺跡群—

登録年：2011年6月
所在地：岩手県西磐井郡平泉町
遺産面積：構成資産176ha／緩衝地帯6,008ha

立ち寄り周辺スポット

高館義経堂

眼下に北上川が静かに流れるのを眺める丘陵に立ち、源義経最期の地として知られる。兄である源頼朝に追われた義経は、藤原氏3代秀衡の庇護のもと、この高館で過ごしていたが、1189（文治5）年、頼朝の再三にわたる要求に屈し、秀衡の子・泰衡に急襲され、妻子とともに自害したと伝わる。義経を偲んで義経堂が建てられ、なかには義経公の木像が安置されている。また、松尾芭蕉が詠んだ「夏草や 兵共が 夢の跡」の句碑も立つ。
時間：8:30〜16:30（11月5日〜4月4日は〜16:00）　料金：大人200円、小・中学生50円　アクセス：JR平泉駅から徒歩約20分

日光東照宮

［にっこうとうしょうぐう］

江戸初期の技術の粋を集めたきらびやかな建造物群
雄大な自然美に溶け込み徳川家の聖地となる

龍などの緻密な彫刻に覆われた陽明門は日光東照宮を代表する建造物

世界遺産

山岳信仰の聖域に調和した華麗な宗教建造物群

男体山を主峰に日光連山の深い山々に抱かれた日光は、山岳信仰の霊場として古くから崇敬の念を集めてきました。1617（元和3）年、この地に徳川家康を祀る日光東照宮が創建され、1636（寛永13）年には3代将軍家光による大規模な造替《ぞうたい》を実施。現在私たちが見ることのできる豪華絢爛《ごうかけんらん》な建造物群が完成します。

本殿と拝殿の2棟を石の間《ま》でつないで一体化した、日本の代表的な神社建築様式「権現造り《ごんげんづくり》」が特徴で、境内には神格化された家康を称す「東照《とうしょう》大権現《だいごんげん》」の額のかかる石鳥居《いしどりい》や、東照宮を象徴する陽明門、家康の眠る奥宮など8棟の国宝と34棟の重要文化財があります。また、建物を華やかに彩る彫刻や飾り金具、彩色、漆塗りなどの装飾も当時最高峰の技術を結集して造られました。1999年、江戸初期の建築や美術工芸の集大成として、日光東照宮は世界遺産に登録されました。

本殿の前に立つ国宝・唐門（からもん）は胡粉（ごふん）で白く塗られているのが特徴

建設には約13万人もの大工がかかわったと伝わる陽明門（現在は平成の大修理中）

右／神厩舎の欄間にある三猿。子猿からの成長物語が風刺をもって描かれている
左／牡丹の花に囲まれて眠る「眠り猫」。小さいのでうっかり通りすぎてしまいそう

ここが見所

江戸の匠の技を尽くした数々の彫刻群に魅入る

中国の故事逸話や聖人・賢人など５００体以上の彫刻で埋め尽くされた陽明門。いつまで見ていても飽きないことから「日暮門《ひぐらしのもん》」とも呼ばれていますが、現在、平成の大修理が進行中で２０１７年春まで（予定）鑑賞することは叶いません。

しかし、日光東照宮ではほかにも数々の素晴らしい彫刻に出会えます。有名なのは「見ざる・言わざる・聞かざる」の三猿でしょう。これは神馬をつなぐ馬小屋・神厩舎《しんきゅうしゃ》にある彫刻で、猿の一生を8面で描いたうちのひとコマです。また、奥宮へ通じる東廻廊の参道入口には、江戸時代の名工・左甚《ひだりじん》五郎《ごろう》の作と伝わる国宝・眠り猫の彫刻があります。裏には雀の遊ぶ姿が彫られており、平和を表現しているともいわれます。

さらに五重塔を飾る十二支や、上神庫《かみじんこ》に描かれた想像の象など見どころは尽きません。江戸時代の傑作を細部までじっくりと堪能してほしいです。

アクセス

JR・東武日光駅から東武バス中禅寺湖方面行きで約7分、西参道下車、徒歩約10分。料金：310円。またはJR・東武日光駅から東武バス「世界遺産めぐり」で約8分、表参道下車、徒歩すぐ。料金：世界遺産めぐり手形500円（循環バスのコースを中心に1日乗り降り自由）。

世界遺産データ

日光の社寺

登録年：1999年12月
所在地：栃木県日光市
遺産面積：構成資産51ha／緩衝地帯373ha

立ち寄り周辺スポット

華厳ノ滝

袋田の滝、那智の滝とともに日本三名瀑のひとつに数えられる滝。中禅寺湖の水が高さ97mから轟音とともに一気に流れ落ちる眺めは圧巻。新緑や紅葉、細い流れが凍りつく真冬と四季折々の景観も楽しめる。エレベーター（有料）を利用すれば、観爆台から迫力満点の滝つぼを間近に見ることもできる。

時間：エレベーター8:00〜17:00（12〜2月は9:00〜16:30）　料金：エレベーター往復大人550円、小学生330円
アクセス：JR・東武日光駅から東武バス中禅寺湖方面行きで約45分、中禅寺湖温泉下車、徒歩約5分

輪王寺・二荒山神社

［りんのうじ・ふたらさんじんじゃ］

山岳信仰の霊場として崇拝された日光の地
日本古来の神仏習合の思想を受け継ぐ

大谷川（だいやがわ）にかかる二荒山神社の神橋（しんきょう）は、国の重要文化財

日光東照宮と同じ権現造りの輪王寺大猷院の本殿と拝殿

大猷院の夜叉門を守る四夜叉のなかの一体・烏摩勒伽（うまろきゃ）

世界遺産

勝道上人の創建から１２００年の歴史を誇る

日光東照宮と併せて「二社一寺」と総称され、世界遺産に登録されている輪王寺と二荒山神社。実は日光東照宮よりはるかに長く、１２００年以上の歴史があります。日光はもともと雄大な自然への畏敬の念から山岳信仰の聖地でした。奈良時代末期、勝道上人《しょうどうしょうにん》が二荒山（男体山）登頂を志し、四本龍寺《しほんりゅうじ》を創建したことから輪王寺と二荒山神社の歴史が始まります。鎌倉時代には源頼朝をはじめ東国武士の信仰も得て、神道と仏教の融合した神仏習合の霊場として発展。江戸時代には徳川家の篤い保護を受けてきました。

輪王寺では、日光山内で最も大きな三仏堂や１６５３（承応２）年に造営された3代将軍徳川家光の霊廟、大猷院《たいゆういん》が見られます。二荒山神社の現在の本殿は、2代将軍秀忠が造営したもので、国の重要文化財。広大な神域には国宝の神橋や、滝尾《たきのお》神社と本宮《ほんぐう》神社の２つの別宮も含まれています。

上／二荒山（男体山）をご神体として祀る二荒山神社
下／緑に包まれた滝尾神社。運試しの鳥居で石を投げて運勢を占うこともできる

ここが見所

日光山内の中心から別宮へ 多彩な魅力を発見する

世界遺産「日光の社寺」には、国宝9棟、重要文化財94棟の建造物群が含まれており、輪王寺や二荒山神社にもさまざまな見どころがあります。

輪王寺では、本尊の阿弥陀如来《あみだにょらい》、千手観世音《せんじゅかんぜおん》菩薩、馬頭観世音《ばとうかんぜおん》菩薩が祀られている三仏堂は必見です。台座から光背《こうはい》まで約7・5メートルあり、木彫りの座像としては日本最大を誇ります。現在は大修理中ですが、「展望見学通路」（天空回廊）が設置され、見学は可能です（2019年3月終了予定）。

山内の中心から少し離れていますが、二荒山神社の別宮滝尾《たきのお》神社もぜひ足を伸ばしてほしい場所です。弘法大師の創建と伝わり、女峰山の女神・田心姫命《たごりひめのみこと》を祀っています。うっそうと緑の茂る石畳の参道や三本杉の御神木、石鳥居、霊石など崇高な空気に包まれ、心が洗われるようです。

門前町から中禅寺湖、戦場ヶ原、温泉の湧く奥日光へと多彩な顔を持つ日光。山岳信仰の地かと思えば、明治には外国人の避暑地としての歴史もあり、魅力の尽きることはありません。

アクセス

輪王寺、二荒山神社へは、JR・東武日光駅から東武バス中禅寺湖方面行きで西参道下車、徒歩5～7分。料金：310円。またはJR・東武日光駅から東武バス「世界遺産めぐり」で大猷院・二荒山神社下車、徒歩すぐ。料金：世界遺産めぐり手形500円（循環バスのコースを中心に1日乗り降り自由）。

立ち寄り周辺スポット

日光金谷ホテル

1873（明治6）年開業の日本最古のクラシックホテル。メインダイニングでは、「日光虹鱒のソテー金谷風」や「大正コロッケット」など、歴代の料理長から受け継がれたフランス料理を満喫。敷地内には大谷川の河畔への散策路が整備され、神橋を間近に眺めることもできる。

時間：朝食7:30～9:30（L.O.）、ランチ11:30～14:30（L.O.）、ディナー18:00～20:00（L.O.）
料金：朝食2592円、ランチ3600円～、ディナー1万1340円～
電話：0288-54-0001　休み：無休
アクセス：JR・東武日光駅から東武バス中禅寺湖方面行きで神橋下車、徒歩約3分。※時間、料金はいずれもメインダイニング

東寺［とうじ］

平安遷都からの歴史を紡ぎ
弘法大師の教えを伝える
真言密教の名刹

夕陽を浴びてシルエットとなった五重塔と南大門を九条通から見上げる

世界遺産

心を打つ立体曼荼羅と京都のシンボル・五重塔

７９４（延暦13）年の平安遷都から約１０００年にわたり日本の中心として繁栄した京都。幾多の戦禍をくぐり抜け、各時代を代表する建造物や庭園が数多く残されています。１９９４年、そのうち17件が世界遺産として登録されました。

東寺は正式名称を教王護国寺《きょうおうごこくじ》といい、平安京造営に際し、朝廷が建立した官寺《かんじ》でした。８２３（弘仁14）年、弘法大師空海に下賜《かし》され、日本初の真言密教の寺院となります。境内の中心には桃山時代を代表する金堂《こんどう》、弘法大師自らが構想した講堂、十一面観音菩薩を本尊とする食堂《じきどう》が一列に並びます。講堂には真言密教の教えをわかりやすく表現した立体曼荼羅《りったいまんだら》として大日如来《だいにちにょらい》を中心に21体の仏像があり、その壮大な世界観に圧倒されます。

高さ約55メートルの五重塔は、木造の建造物としては日本一。桜や紅葉と四季折々の景観に映える京都のランドマークとして愛されています。

南大門から豊臣秀頼によって再建された国宝の金堂を眺める

上／四季折々に美しい東寺。初夏には境内の池に蓮の花が咲く
下／境内に所狭しと露店が立ち並ぶ毎月21日の弘法市

ここが見所

法会や写経、賑やかな弘法市で長い歴史をもつ東寺に親しむ

11世紀から19世紀まで各時代の建物が建ち並ぶ東寺。拝観するだけでなく、弘法大師の遺徳を偲び、行事に参加してみてはいかがでしょう。

1380（康暦2）年に再建された御影堂《みえいどう》（大師堂）は、入母屋造檜皮葺《いりもやづくりひわだぶき》の落ち着きのある建物。ここでは毎朝6時から弘法大師に一の膳、二の膳、お茶を供える生身供《しょうじんく》が始まります。運慶の子・康勝《こうしょう》作と伝わる御影堂の本尊・弘法大師座像（国宝）も生身供の間、開帳されています。日中なら食堂の写経に参加することもできます。一文字、一文字と筆を運ぶ時間は、自分の心と静かに向き合える貴重な時間となるに違いありません。

また、弘法大師の入定《にゅうじょう》の日にちなむ毎月21日には、御影供《みえいく》の法要が行われます。多くの参拝者が集まることから数多くの露店が立つ「弘法市」が開催されます。賑やかな境内を歩いていると、東寺の庶民的な雰囲気に親近感がわいてきます。

アクセス

JR京都駅八条口から徒歩約15分。市バス利用の場合、京都駅八条口から16系統で約10分、東寺西門前下車、徒歩すぐ。または19系統・78系統で約15分、東寺南門前下車、徒歩すぐ。料金：230円。

世界遺産データ

古都京都の文化財

登録年：1994年12月

所在地：京都府京都市・宇治市、滋賀県大津市

遺産面積：構成資産1,056ha／緩衝地帯3,579ha

立ち寄り周辺スポット

京都タワー

地下3階・地上9階のビルの屋上に立つ京都タワーの高さは地上131m。最上階の展望室からは京都の街並みをぐるりと360度見渡せる。ビル内にはホテル、レストラン、入浴施設などもあり、京都観光の拠点としても便利。

時間：展望室9:00～21:00（最終入場20：40）　料金：展望室大人770円、高校生620円、小・中学生520円、幼児（3歳以上）150円　休み：無休　電話：075-361-3215　アクセス：JR京都駅中央口から徒歩約2分

清水寺 ［きよみずでら］

桜や紅葉に溶け込む
清水の舞台が圧巻
いつの世も多くの人で賑わう
京を代表する古刹

清水の舞台から秋色に染まる渓谷・錦雲渓（きんうんけい）を眺める。夜にはライトアップも実施

世界遺産

奈良時代末に歴史をさかのぼる 霊験あらたかな観音信仰の霊場

「清水の舞台」で知られる清水寺は京都でいちばん有名な寺院であるといっても過言ではないでしょう。とくに春の桜や秋の紅葉に彩られた舞台は、まるで空中に浮かんだ楼閣のように美しく、多くの人を惹きつけてきました。

清水寺の歴史は７７８（宝亀９）年、大和の僧・延鎮《えんちん》が音羽の滝上に観音像を祀ったことにさかのぼります。その後、坂上田村《さかのうえのたむら》麻呂《まろ》の寄進により仏殿を建立。のちに何度も焼失しましたが、その度に再興されてきました。境内には国宝や重要文化財を含む15の伽藍《がらん》が立ち並びますが、3代将軍徳川家光により再建された本堂のように、ほとんどは江戸時代の建物となっています。

本堂から崖の上に張り出すような懸造《かけづく》りで建てられた舞台からは京の街並みを一望できます。江戸の人々が眺めたであろう同じ景色を、街の様子は変わっても時代を超えて楽しみたいものです。

樹齢400年以上の欅の柱に、釘を使わず貫（ぬき）を通した懸造りの舞台

左の三重塔から経堂、開山堂、本堂などが立ち並ぶ広大な境内

右／向かって左から「学問成就の水」「恋愛成就の水」「延命長寿の水」といわれる音羽の滝
左／大同3（808）年にできたことから三年坂とも呼ばれる三寧坂

ここが
見所

音羽の滝や胎内めぐりでご利益を願う

東山・音羽山《おとわやま》の中腹に広がる境内に伽藍が立ち並ぶ清水寺。古くから観音信仰の霊場として多くの参拝客で賑わってきました。そんな参拝客をもてなすかのように、境内は見どころに溢れています。「随求堂《ずいぐどう》」では胎内《たいない》めぐりを体験。大随求菩薩《だいずいぐぼさつ》の胎内に見立てた真っ暗な堂内を壁の数珠を頼りにドキドキしながら進みます。力試しに挑戦するなら「弁慶の錫杖《しゃくじょう》と高下駄」へ。鉄製の大錫杖は重さ90キログラム以上もあり、力自慢の参拝客が持ち上げようと必死です。本堂の東側の石段を下りると、人気スポットの「音羽の滝」へ。寺名の由来となった清水が三筋となって流れ落ちています。延命長寿、学問、恋愛にご利益があるといわれ、列が途絶えることがありません。また、境内のなかに立つ地主《じしゅ》神社は縁結びのパワースポットとして知られています。時間の許す限り散策してみてください。参拝後は、清水坂から昔ながらの京の風情を残した三寧坂《さんねいざか》、二年坂と抜け、高台寺へと歩くのが京都観光の定番コースとなっています。

アクセス

JR京都駅烏丸口から市バス206系統、または100系統で約15分、五条坂下車、徒歩約10分。料金：230円。

立ち寄り周辺スポット

清水順正　おかべ家

清水寺の参道沿いから少し入ると風情ある京町家が現れる。ここで味わえるのは、京名物の湯豆腐。敷地内には自家製豆腐の製造所もあり、できたての豆腐を使った料理は、大豆の風味豊かな味わいで人気。湯豆腐やゆば料理をはじめ、生麩の天ぷら田楽などメニューはバラエティに富む。併設の売店では、豆腐の味を引き立てるオリジナルの「ゆどうふのたれ」など、京土産にぴったりの品も。隣には国の登録文化財・五龍閣が建ち、大正時代の洋館の眺めも楽しめる。

時間：10:30〜17:00　料金：生麩の天ぷら田楽1850円（予約不可）、ゆどうふ桜（3240円、10名以下で予約の場合）など　休み：不定休　電話：075-541-7111　アクセス：五条坂バス停から徒歩約8分

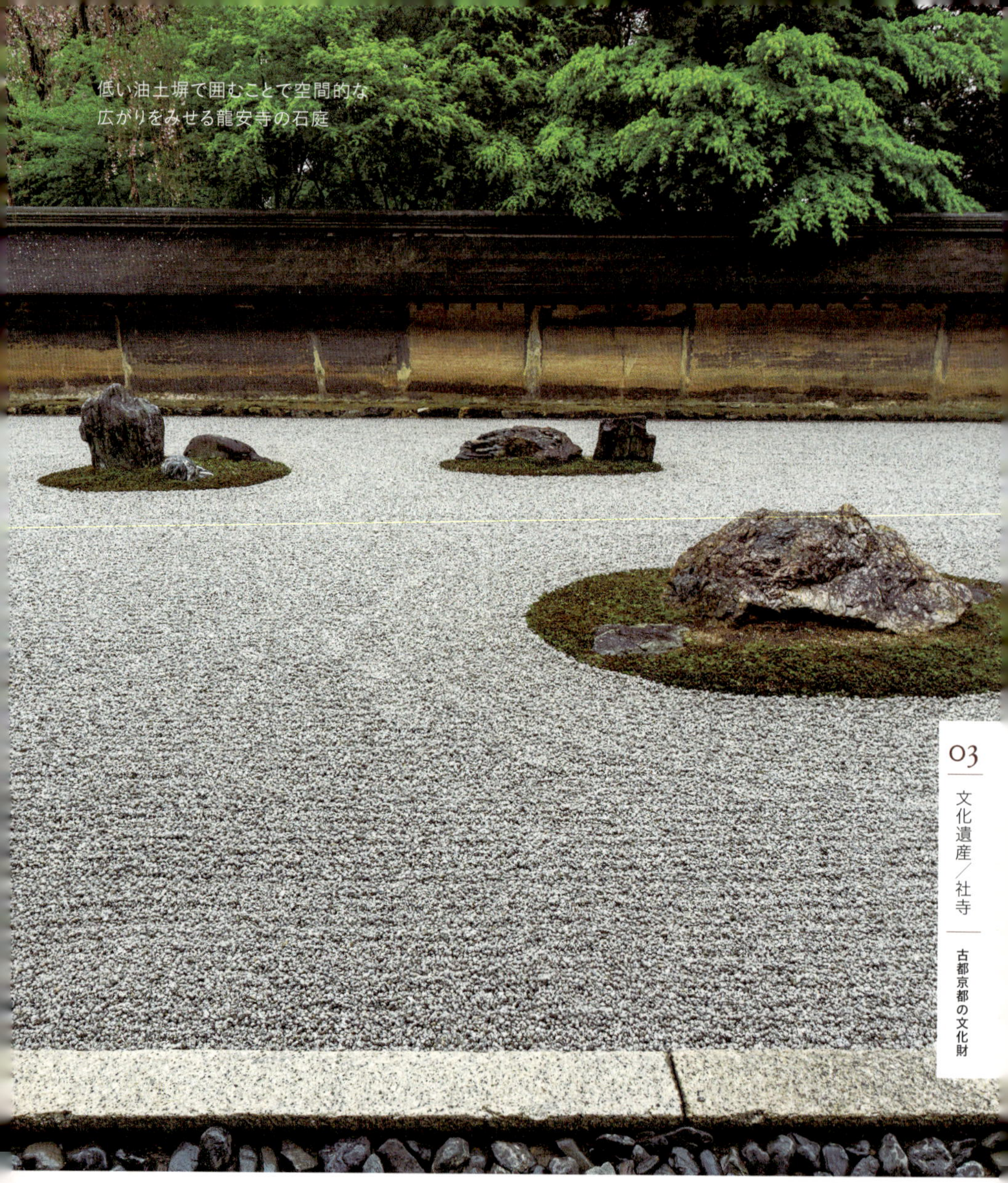

低い油土塀で囲むことで空間的な
広がりをみせる龍安寺の石庭

龍安寺・仁和寺

［りょうあんじ・にんなじ］

緑豊かな衣笠山麓に点在する世界遺産の古刹
見る者の想像を誘う石庭と遅咲きの御室桜を鑑賞したい

世界遺産

謎に包まれた石庭と門跡寺院の名庭を訪ねる

なだらかな稜線を描く衣笠山《きぬがさやま》の麓に点在している龍安寺と仁和寺。石庭で知られる龍安寺は、1450（宝徳2）年に室町幕府の要職にあった細川勝元が創建した禅寺です。応仁の乱で焼失し、子の政元が再興。この時、石庭も造られたと伝えられています。正式名称は方丈庭園。方丈（禅寺の本堂）の前に広がるわずか75坪ほどの空間に、白砂と大小15個の石だけが置かれています。あまりに抽象的な枯山水の庭は、作者や意図が不明な点も重なり、さまざまな解釈がされています。静かに庭を眺め、謎に向き合ってみるのも一興です。

皇室と縁が深く、御室御所《おむろごしょ》と称された仁和寺は、888（仁和4）年、宇多天皇により完成。代々住職を皇室出身者が継ぐ、格式高い門跡《もんぜき》寺院として発展しました。応仁の乱により全焼し、江戸初期、江戸幕府により再建されました。池泉式庭園の北庭から五重塔を望む眺めが素晴らしいです。

仁和寺の北庭は池泉式の雅な庭園。五重塔や重要文化財の茶室・飛濤亭（ひとうてい）を望む

上／色とりどりの紅葉に囲まれる龍安寺の鏡容池を空から眺める
下／国の名勝に指定されている御室桜に彩られる春の仁和寺

ここが見所

いくつもの庭で 桜や紅葉など四季の風情を満喫

龍安寺の石庭は謎に包まれています。白砂と石だけの枯山水の庭園は、大海に浮かぶ島々や夜空に輝く星座に見立てられたり、中国の説話から「虎の子渡しの庭」と呼ばれたり、解釈はどこまでも広がります。シンプルだからこそ、自由に想像できるのがこの庭の魅力でしょう。そして、龍安寺にはもうひとつ、鏡容池《きょうようち》という庭があります。禅寺となる前の時代、貴族たちが船を浮かべ、宴を催したと記録が残っているそう。桜や花菖蒲、睡蓮、紅葉など四季折々の花木に飾られ、平安時代の雅を今に伝えるようです。

仁和寺にも池泉式庭園の北庭のほかに、書院造りの宸殿《しんでん》を挟んで白砂と松や杉を配した簡素な南庭があり、異なる趣が楽しめます。南庭には御所と同じように左近の桜、右近の橘が植えられ、門跡寺院の風格を感じさせます。また、京都一の遅咲きといわれる「御室桜《おむろざくら》」が有名です。例年見頃は4月中旬ぐらい。紅葉の名所でもあり、中門から金堂へ続く参道がとくにおすすめです。

アクセス

龍安寺へは、JR京都駅から市バス50系統で約40分、立命館大学前下車、徒歩約7分。料金：230円。あるいは京福電鉄（嵐電）龍安寺道駅から徒歩約7分。
仁和寺へは、JR京都駅から市バス26系統で約40分、御室仁和寺下車、徒歩すぐ。料金：230円。あるいは京福電鉄（嵐電）御室仁和寺駅から徒歩約2分。

立ち寄り周辺スポット

御室 さのわ

仁和寺のそばに建つ日本茶を中心とした和カフェ。京都の名水「京見峠の水」を使い、一煎ずつ丁寧に入れた本玉露のお茶など味わい深く、ゆっくりと過ごすことができる。お茶と合わせるのは、おぜんざいやあられのほか、オーストリアの焼き菓子（さのわ）やケーキなど。日本茶とのコラボが楽しめる。また、豆から挽いて淹れる深煎り珈琲も人気。
時間：10:00～18:00（ラストオーダー17:30）　料金：さのわ290円、おむろ（煎茶付き）1100円など
休み：月曜（祝日の場合は営業）
電話：075-461-9077
アクセス：御室仁和寺バス停から徒歩約3分。あるいは京福電鉄（嵐電）妙心寺駅から徒歩約5分

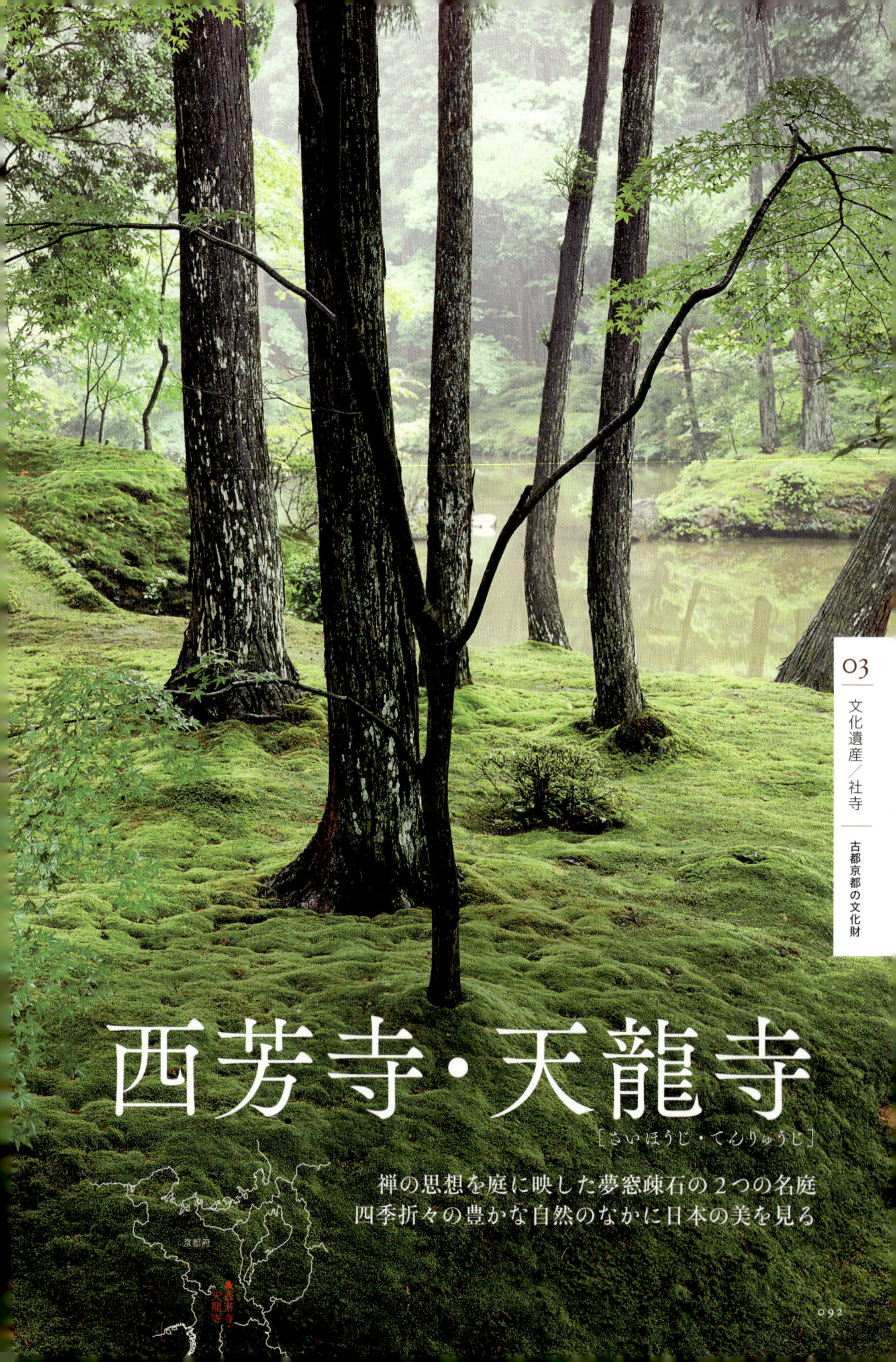

03

文化遺産／社寺

古都京都の文化財

西芳寺・天龍寺

［さいほうじ・てんりゅうじ］

禅の思想を庭に映した夢窓疎石の２つの名庭
四季折々の豊かな自然のなかに日本の美を見る

西芳寺の苔の庭は、海外でも「モス・ガーデン」として名高い

池に映った紅葉が美しい天龍寺の曹源池庭園。夢窓疎石晩年の集大成ともいえる庭

紅葉に彩られた秋の苔寺（西芳寺）。右奥には立礼式の茶室・潭北亭（たんほくてい）も見える

世界遺産

夢窓疎石が極めた禅宗寺院の名庭

世界遺産「古都京都の文化財」の17の構成資産には5つの禅宗寺院が含まれていますが、そのうち西芳寺と天龍寺に共通しているのが夢窓疎石《むそうそせき》の手による庭園です。夢窓疎石は南北朝時代から室町時代初期にかけて天皇や将軍から重用された臨済宗の僧で、作庭家としても知られています。

　奈良時代に行基《ぎょうき》が創建したと伝えられる西芳寺を、1339（暦応2）年、夢窓疎石が禅寺として再興。枯山水の上段と、黄金池を中心とした池泉回遊式の下段との二段構えの庭園が特徴です。

　また、天龍寺は後醍醐天皇の菩提を弔うため、足利尊氏が夢窓疎石を開山として建立した禅寺です。大方丈の西側に広がる曹源池《そうげんち》庭園は、背後の亀山、さらには大堰川《おおいがわ》を隔てた嵐山を借景とした池泉回遊式。大方丈から曹源池を正面に眺めると、巨岩を滝に見立てた滝石組など、禅の思想を取り入れた夢窓疎石の発想を今に伝えています。

上／天龍寺の大方丈から眺める庭園は一幅の絵のように美しい
下／美しい苔に囲まれた西芳寺の観音堂は明治期に再建されたもの

ここが見所

夢窓疎石の想いをたどり 変化に富んだ庭園を散策

「苔寺」の名で親しまれている西芳寺。夢窓疎石の作庭時にはなかったものの、現在は約１２０種の苔に覆われた庭園が、緑の木々と相俟《あいま》って他にはない空間を創り出しています。梅雨の季節には緑が瑞々しく、また秋には紅葉とのコントラストが美しく、四季折々の趣に心が静まるようです。庭園の拝観は事前申し込みのうえ、写経など宗教行事に参加してからの見学となっています。

一方、京都の人気観光地・嵐山に建つ天龍寺の門戸は広く開かれています。史跡・特別名勝に指定される曹源池庭園は、中世の庭園を代表するとして世界遺産登録でも高く評価されました。曲線を伴った汀《みぎわ》や池に迫り出した出島など、白砂を敷いた前庭からの眺めは優美な印象を与えます。大方丈正面の奥には中国の故事「登竜門」にちなんだ龍門瀑《りゅうもんばく》を望めます。滝を思わせる3段の石組や滝を登る鯉を表す鯉石組などが配されており、のちの枯山水庭園の手本となりました。夢窓疎石の想いを込めた庭をゆっくりと鑑賞しましょう。

アクセス

西芳寺へは、JR京都駅烏丸中央口から京都バス73系統苔寺・すず虫寺行きで約55分、終点下車、徒歩すぐ。料金：230円。あるいは阪急嵐山線上桂駅から徒歩約15分。天龍寺へは、JR京都駅からJR山陰本線（嵯峨野線）で12〜17分、嵯峨嵐山駅下車、徒歩約15分。料金：230円。あるいは京福電鉄（嵐電）嵐山駅から徒歩すぐ。

立ち寄り周辺スポット

渡月橋

嵐山のシンボル・渡月橋は桂川に架かる全長155mの橋。承和年間（834〜848年）に僧・道昌が架橋したのに始まるとされる。鎌倉時代に亀山上皇が橋の姿を「くまなき月（満月）の渡るに似る」と述べたことから渡月橋と名付けられた。桜や紅葉の名所で、京都らしい風景が楽しめると国内外からの観光客で賑わう。春の三船祭や夏の鵜飼いや万灯流し、冬には雪景色やライトアップなど、どの季節も趣がある。橋を境に上流は大堰川と名をかえる。

アクセス：JR嵯峨嵐山駅から徒歩約10分。あるいは京福電鉄（嵐電）嵐山駅から徒歩約5分

東大寺
「とうだいじ」

大仏様と慕われる
奈良のシンボル
1250年を越えて
天平文化の遺産を伝える

境内の鏡池から眺める夜の中門（重要文化財）と大仏殿（国宝）

世界遺産

巨大な盧舎那仏に託した国家安泰の願い

７１０（和銅３）年から74年にわたり都が置かれた平城京。中国などの影響を受けながら、律令国家や日本文化の基礎が形成されました。この時代に創建された寺社は、当時の日本の木造建造技術の水準の高さを示すだけでなく、今なお信仰の場として市民の暮らしのなかに生き続けています。

１９９８年、東大寺をはじめ６つの寺社と平城宮跡、春日山原始林の計８つの資産が「古都奈良の文化財」として世界遺産に登録されました。「奈良の大仏様」で有名な東大寺。仏教の力で国家を鎮護しようとした聖武天皇の発願《ほつがん》で大仏が造《ぞう》立《りゅう》され、７５２（天平勝宝４）年、開眼供養会が営まれました。正式には「盧舎那仏《るしゃなぶつ》坐像」といい、約15メートルの高さは世界最大級の金銅仏です。大仏を安置する大仏殿を中心に伽藍が建設されましたが、大仏殿はその後2度の焼失を経て、現在の建物は江戸時代に再建されたものです。

盧舎那仏とは釈迦如来の別名。奈良時代から現存するのは台座など一部だけ

上／国宝建造物の南大門は、高さ25.46mの豪壮な二重門
下／1260年以上途切れることなく続けられる二月堂のお水取り

ここが見所

天平の都の歴史が薫る広大な境内を散策

奈良市街と若草山の間に広大な敷地をもつ東大寺には、大仏殿のほかにも国宝建造物が点在するなど見どころがたくさんあります。

まず目に入るのは正門にあたる南大門でしょう。鎌倉初期に東大寺を復興した重源上人《ちょうげんしょうにん》が中国・宋の技術を取り入れた大仏様《だいぶつよう》という建築様式で再建したものです。門の左右には鎌倉時代の仏師、運慶・快慶らによる仁王像が見られ、その力強い表情に圧倒されます。

そのまま石畳の参道を北に進むと中門を経て、大仏殿へと至ります。境内の東側には、東大寺創建以前にあった金鐘寺《きんしょうじ》の遺構と伝わる法華堂《ほっけどう》（国宝）が立ち、その北隣には旧暦2月に行われるお水取り（修二会《しゅにえ》）の儀式で有名な二月堂（国宝）も普段は静かに佇んでいます。

そして、大仏殿の北西には宮内庁が管理する高床校倉《あぜくら》造りの正倉院があります。奈良・天平時代の宝物が収蔵されており、例年秋に一部公開される正倉院展で奈良の歴史にふれることができます。

アクセス

JR・近鉄奈良駅から奈良交通バス市内循環（外回り・2番）で4〜8分、東大寺大仏殿・春日大社前下車、徒歩約5分。料金：210円。または近鉄奈良駅から徒歩約20分。

世界遺産データ

古都奈良の文化財

登録年：1998年12月

所在地：奈良県奈良市

遺産面積：構成資産617ha／緩衝地帯1963ha

立ち寄り周辺スポット

奈良国立博物館

日本の仏教に関する美術工芸品を収集・展示している博物館。なら仏像館（2016年4月下旬リニューアルオープン予定）、青銅器館、東新館、西新館の4つのギャラリーからなる。毎年秋に実施される正倉院展の会場ともなっている。天平の息吹を今に伝える正倉院宝物をゆっくりと鑑賞したい。

時間：9:30〜17:00（入館は閉館30分前まで。臨時に変動あり）

休み：月曜（月曜が祝日の場合は翌日休み）、1月1日　料金：大人520円、大学生260円　電話：050-5542-8600（ハローダイヤル）　アクセス：JR・近鉄奈良駅から奈良交通バス市内循環（外回り・2番）で3〜7分、氷室神社・国立博物館下車、徒歩すぐ。または近鉄奈良駅から徒歩約15分

平城宮跡

［へいじょうきゅうせき］

地下に眠る遺構からよみがえった堂々とした宮殿に
いにしえの華やかなる都の面影を仰ぎ見る

「あおによし奈良の都は……」と詠われた華やかな往時の様子を彷彿とさせる第一次大極殿

世界遺産

唐の都にならった8世紀の巨大な宮殿

奈良時代は、710（和銅3）年、元明《げんめい》天皇が藤原京から平城京へ遷都したことに始まります。

唐の都・長安をモデルに碁盤の目のように区画された東西4・2キロメートル、南北4・8キロメートルの都市が建設され、その北に位置した平城宮内には天皇の住居である内裏《だいり》や、政治・儀式が行われた大極殿《だいごくでん》や朝堂院《ちょうどういん》など、多くの建物が立ち並びました。平城宮の朱雀《すざく》門から南北に貫くようにメインストリートの朱雀大路が伸びていましたが、その道幅はなんと約74メートル。推定人口10万人以上の大都市が形成されたのです。

しかし、都は長岡京、平安京へと遷り、やがて平城京の建造物は失われてしまいます。昭和に入って発掘調査が進むにつれ、地下の遺構が良好な状態で保存されていることがわかってきました。平城宮跡は特別史跡に指定され、現在、朱雀門、第一次大極殿、東院庭園などが復元されています。

1998年、複雑な形の池を中心に建物も含めて復元された東院庭園（特別名勝）

上／平城京天平祭では、灯りが大極殿を包む幻想的なイベントも開催された
下／平城宮の正門・朱雀門。かつて門の左右には高さ5.5mの築地塀がめぐり、平城宮を取り囲んでいた

ここが
見所

古代のロマンに浸って
天平の風を感じるサイクリング

奈良観光の拠点となる奈良駅から見て西に位置する平城宮跡。東側にある東大寺や春日大社と一緒に観光するならバスでの周遊が便利ですが、平城宮跡を中心に古都奈良のロマンに浸るなら近鉄大和西大寺駅からスタート。駅前にあるレンタサイクルの利用がおすすめです。

２０１０年に復元された第一次大極殿は、平城宮最大の宮殿でした。正面約44メートル、側面約20メートル、高さ約27メートルという威風堂々とした建物で、朱色の柱と本瓦葺の屋根が印象的です。そこから８００メートルほど南には朱雀門の姿も見えます。平城宮の正門で、二重になった入母屋造の屋根が重厚な雰囲気です。春や秋などに開催の平城京天平祭では大極殿や朱雀門を舞台に天平の衣装に身を包んだ人々によって古代の儀式や舞などが披露されています。周囲には平城京歴史館、平城宮跡資料館、復原事業情報館、遺構展示館なども点在。調査は続いていますので、今後さらに大きな発見があるかもしれません。

アクセス

第一次大極殿へは、JR・近鉄奈良駅から奈良交通バス西大寺行きで12～24分、佐紀町下車、徒歩約10分。料金：280円。または近鉄大和西大寺駅から徒歩約20分。
朱雀門へは、JR・近鉄奈良駅から奈良交通バス西大寺行きで11～22分、平城宮跡下車、徒歩約20分。料金：240円。またはJR・近鉄奈良駅から奈良交通バス学園前行きバスで11～17分、二条大路南四丁目下車、徒歩約3分。料金：210円。

立ち寄り周辺スポット

遺構展示館

平城京の発掘調査によって発見された役所の建物跡の遺構などが見学できる。柱の穴などが露出した状態で展示されており、1300年以上前に実際にここに建物があったことが実感できる。役所から出土した木簡や土器などの遺物も展示され、古代史へのロマンがかき立てられる。
時間：9:00～16:30（入館は～16:00）
料金：無料　休み：月曜（月曜が祝日の場合は翌日休み）、年末年始
電話：0742-32-5106（文化庁平城宮跡管理事務所）　アクセス：平城宮跡バス停下車、徒歩すぐ

廻廊に囲まれ、西側に位置する
総高約34mの五重塔（国宝）

法隆寺

［ほうりゅうじ］

田園風景の広がる斑鳩の里は聖徳太子ゆかりの地
世界最古の木造建造物の残る古寺ではるか飛鳥の時代に想いを馳せる

世界遺産

飛鳥時代の伽藍を伝える 聖徳太子創建の古寺

聖徳太子ゆかりの法隆寺の広大な境内は、金堂や五重塔を中心とする西院伽藍《さいいんがらん》と、夢殿《ゆめどの》のある東《とう》院《いん》伽藍に分かれています。

西院は、607（推古天皇15）年に創建され、その後、焼失した若草伽藍を起源とするもので、現在の西院は8世紀初頭、創建時の飛鳥様式を取り入れて再建されたと考えられています。柱の中央部が丸く膨らんだエンタシスなどの装飾にその特徴が見られます。東院の夢殿は、739（天平11）年、聖徳太子の住まいであった斑鳩宮《いかるがのみや》跡に建立された八角円堂で、太子の姿を写したという救《ぐ》世《ぜ》観音像を本尊としています。

西院の金堂、五重塔、中門《ちゅうもん》、廻廊が現存する世界最古の木造建造物として、また、周囲にも平安・鎌倉・室町・江戸時代と各時代を代表す建造物が残ることから、日本の仏教寺院建築の変遷を知る重要な地域として高く評価されています。

法隆寺の境内は約18万7000m^{2}と広大

正確な建築年は不明だが、西院伽藍で最初に建造されたとされる金堂（国宝）

右／東院伽藍の本堂である八角円堂の夢殿（国宝）。本尊の救世観音は春と秋、特別公開される
左／エンタシスの柱や連子窓（れんじまど）が連なる廻廊（国宝）

ここが見所

飛鳥文化を感じる建造物や仏像を巡ろう

法隆寺の境内へは国宝の南大門から入ります。真っ直ぐ北にのびる参道を進んで西院伽藍へ。左右に金剛力士像が安置された国宝の中門があり、金堂と五重塔を廻廊が囲みます。東に金堂、西に五重塔を置く法隆寺式伽藍配置が特徴で、金堂では、本尊の釈迦三尊像と対面。アルカイックスマイルと呼ばれる謎めいた微笑をたたえる仏像に、1400年の時を越えて受け継がれる飛鳥仏の神秘を感じます。西院伽藍の後は、夢殿や伝法堂などがある東院伽藍へ。参道の途中、数々の寺宝を納めた大宝蔵院へ立ち寄ります。国宝の百済観音像の慈悲深い表情が印象深いでしょう。

法隆寺の北東約1・2キロメートルには、「法隆寺地域の仏教建造物」として法隆寺とともに登録された法起寺が位置します。こちらも聖徳太子ゆかりの寺。706年（慶雲3）年に建てられた国宝の三重塔は、現存する日本最古の三重塔として知られています。金堂と塔の配置が法隆寺と反対で、法起寺式と呼ばれる伽藍配置も興味深いです。

アクセス

🚌法隆寺へは、JR大阪駅から関西本線大和路快速で約40分、JR法隆寺駅下車、徒歩約20分。料金：640円。またはJR法隆寺駅から奈良交通バスで約8分。法隆寺門前下車、徒歩すぐ。料金：190円。

世界遺産データ

法隆寺地域の仏教建造物

登録年：1993年12月
所在地：奈良県生駒郡斑鳩町
遺産面積：構成資産15ha／緩衝地帯571ha

立ち寄り周辺スポット

藤ノ木古墳

法隆寺南大門から西へ約500mに位置する藤ノ木古墳は、直径約50m、高さ9mの円墳。1985年（昭和60年）から始まった調査によって6世紀後半に築造されたものと考えられている。古墳は未盗掘で、石室内から大きな家形石棺や豪華な副葬品、馬具類などが発見された。被葬者は物部氏や蘇我氏など諸説あるが、確定できる史料が発見されていない。古代史のロマンに浸ってみてはいかが。

アクセス：法隆寺南大門から徒歩約5分

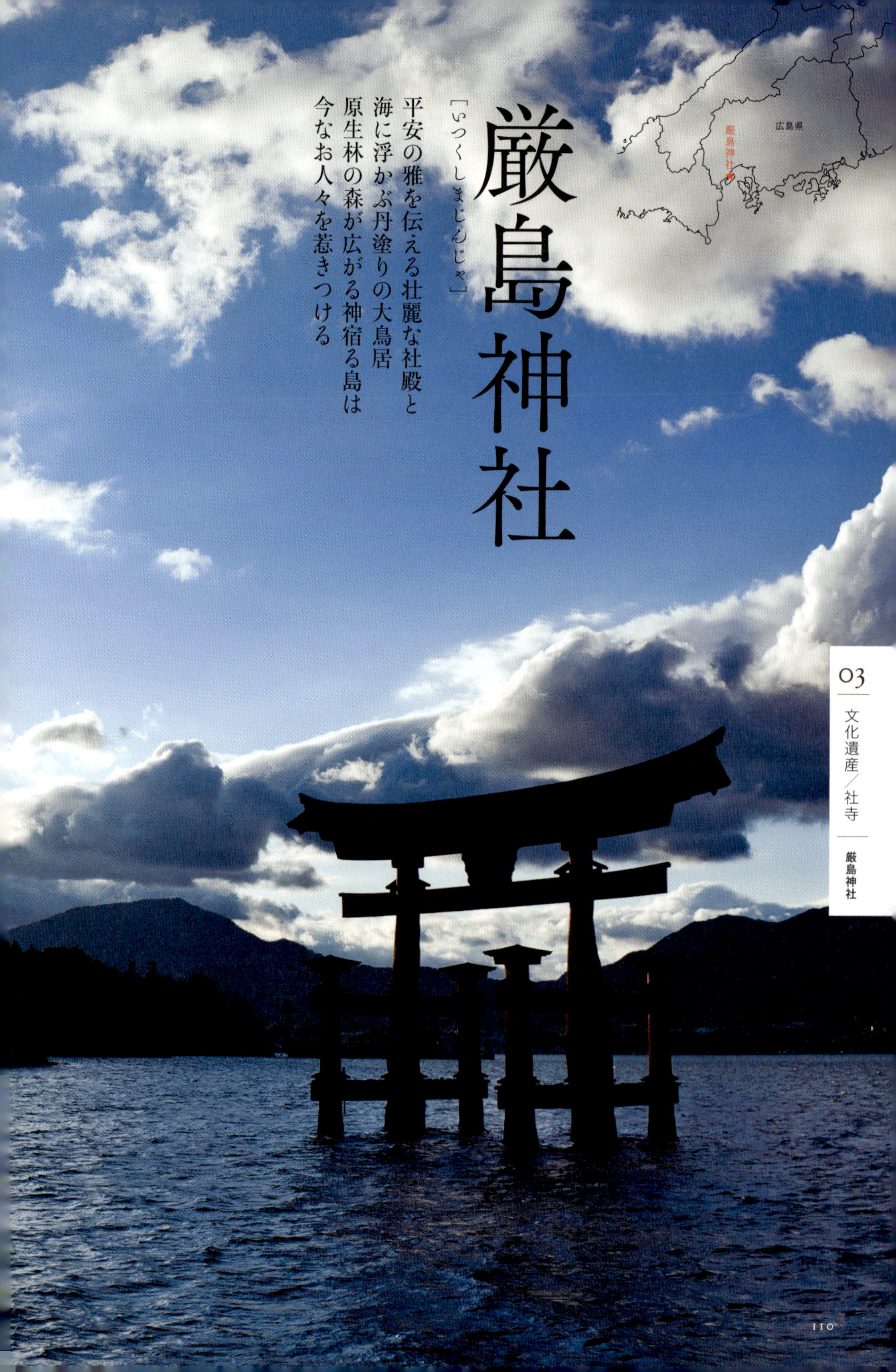

厳島神社

［いつくしまじんじゃ］

平安の雅を伝える壮麗な社殿と
海に浮かぶ丹塗りの大鳥居
原生林の森が広がる神宿る島は
今なお人々を惹きつける

03
文化遺産／社寺
厳島神社

青い海の中に立つ大鳥居。樹齢500〜600年のクスノキで作られる

本社を中心に廻廊で結ばれた東西の社殿。五重塔の左側には千畳閣とも呼ばれる豊国神社も見える

潮が満ちている時間は海上に浮いているように見える

世界遺産

平清盛の信仰から生まれた寝殿造りの壮麗な社殿

1996年、世界遺産に登録された厳島神社。その最大の特長は海と陸の境界に建つ壮大な社殿でしょう。原始林に覆われた島を背景に、朱色の社殿や大鳥居が独特の景観を生み出してきました。そのため世界遺産には社殿のほか、前面の海や背後の弥山《みせん》原始林を含むエリアも登録されています。

厳島は古くから島全体が御神体として崇められており、最初の社殿の創建は飛鳥時代と伝えられます。現在のような海上社殿が造営されたのは12世紀、安芸守《あきのかみ》に任じられた平清盛が信仰し、寄進したことによります。本社の祓殿《はらいでん》や拝殿を中心に廻廊でつながれた寝殿造りという平安時代の建築様式が用いられ、丹塗りの建物が青い海や緑の山に見事に調和しています。13世紀に焼失したものの造営当初の様式を守り再建されました。その後も火災や水害の被害を受けながら、時の権力者に庇護され、古い様式を今に伝えています。

上／ライトアップされた大鳥居をめぐる人気の観光船
下／春、シダレザクラに彩られる五重塔は、1407（応永14）年に建立されたと伝わる

ここが見所

潮の満ち引きで楽しみ方も2通り

壮大な社殿に海と山が一体となった独特の景観から、松島や天橋立とともに日本三景と称えられている厳島。海に向かって建つ社殿は、清盛が描いたこの世の浄土を具現化したものですが、潮の満ち引きによってその景観は趣をかえます。満潮時には、海水が社殿の下に流れ込み、まさに海に浮かんだ姿が出現。遊覧船が宮島桟橋から運航しているので、天候や潮位にもよりますが、大鳥居を船でくぐって正面から参拝することもできます。夜にはライトアップされた、崇高なまでに美しい厳島神社を眺めるナイトクルーズも人気です。

　また、干潮時になると大鳥居まで歩いていくことが可能。近付いてみると、その大きさに驚かされます。どっしりと安定した姿を見ると、約60トンもある自らの重量だけで立っているということにもうなずけます。海からの眺めを満喫した後は、山へと向かいましょう。ロープウェイを乗り継ぎ、弥山の山頂からは、穏やかに広がる瀬戸内海の風景を楽しむことができます。

アクセス

JR広島駅からJR山陽本線で約28分、宮島口駅下車。そこから徒歩約5分の宮島口フェリー乗り場へ。宮島口からフェリーで約10分、宮島桟橋下車。料金：JR410円、フェリー180円。

世界遺産データ

厳島神社

登録年：1996年12月
所在地：広島県廿日市市
遺産面積：構成資産431ha／緩衝地帯2,634ha

立ち寄り周辺スポット

あなごめし　うえの

1901（明治34）年創業の老舗で、あなごめしの元祖として知られている。秘伝のタレにつけて焼かれたアナゴを、アナゴの出汁で炊いたご飯にのせた「あなごめし」が絶品。また、香ばしく焼かれた「あなごの白焼き」はアナゴの旨みとほどよい脂が絶品。店内で味わうには行列も覚悟だが、気軽に味わうには「あなごめし弁当」の予約がおすすめ。また、2階にはアナゴと季節の料理が味わえるコースを用意する食事処「他人吉（たにきち）」も併設する。

時間：食事は10:00～19:00、お弁当は9:00～　料金：あなごめし（並）1728円、あなごめし弁当1728円など
休み：不定休　電話：0829-56-0006
アクセス：JR宮島口駅から徒歩すぐ

沖の島祭祀を行った宗像氏の墳墓群「新原・奴山古墳群」

神宿る島―宗像・沖ノ島と関連遺産群

［かみやどるしま――むなかた・おきのしまとかんれんいさんぐん］

2017年の登録を目指す祭祀遺跡
日本固有の信仰形態を今に伝える

九州本土から約60km、玄界灘に浮かぶ孤島・沖ノ島。4世紀後半から9世紀末にかけて対外交流の成就と航海の安全を祈って、国家的な祭祀が行われていたことが発掘調査によって明らかになっています。島内から出土した鏡や土器など約8万点すべてが国宝に指定され、「海の正倉院」と称されるほど。島そのものが信仰の対象とされ、女人禁制や一木一草一石《いちもくいっそういっせき》たりとも持ち出しの禁止、上陸前の禊など、厳格な禁忌によって守られてきました。現在も一般人の立ち入りは制限されていますが、大島に設けられた沖津宮遙拝所《ようはいじょ》から水平線に浮かぶ沖ノ島に参拝することができます。

世界文化遺産には、沖ノ島や沖津宮遙拝所をはじめ、沖ノ島の祭祀から発展した宗像大社中津宮と辺津宮《へつみや》、祭祀に関わっていた宗像氏の墳墓、新原《しんばる》・奴山《ぬやま》古墳群などと併せての登録を目指しています。

新原・奴山古墳群　所在地：福岡県福津市勝浦（新原・奴山地区一帯）／アクセス：国道495号沿いに点在

Part 4 自然遺産

知床

［しれとこ］

急峻な知床連山や半島を囲む豊かな海を舞台に
冬の流氷の恵みが海から陸へと命のバトンをつなぐ

雄大な知床はさまざまな生
きものの命が連鎖する場所

ウトロ港を出港する観光船から眺められるカムイワッカの滝

静寂と手つかずの自然に包まれる知床五湖（四湖）

世界遺産

シベリアからの流氷がもたらす 海と陸の生きものの命の連鎖

日本で3番目の自然遺産となった知床は、オホーツク海に突き出た半島とその沿岸海域が登録されています。半島を貫くのは火山活動により形成された1500メートル級の山々。そこから一気に海岸へと続く険しい地形に、広葉樹と針葉樹が混在する森、湖沼や湿原、渓流といった自然が広がります。その豊かな環境にヒグマやエゾシカをはじめ、海にはイルカやシャチ、さらにシレトコスミレやシマフクロウ、オオワシなどの固有種や絶滅危惧種まで多様な動植物が生息します。

重要な役割を担っているのはシベリアからの流氷です。流氷が運ぶ栄養分がプランクトンを繁殖させ、海の生きものを育みます。そして川をのぼるサケなどが山の生きもののエサとなります。このようにたくさんの生きものが相互に関連していることから、知床では「生態系」と「生物多様性」の2つの価値が認められています。

シベリアから南下した流氷にオオワシやオジロワシも見られる

右／ヒグマは、若草や木の実なども食糧とする
左／フレペの滝の展望台付近ではエゾシカなどの野生動物に出会えることも

ここが見所

トレッキングやクルーズで知床を五感で感じる体験を

知床では緑に包まれた原始の森や断崖から海へと落ちる滝、冬に南下してくる流氷といった四季の変化に富んだダイナミックな景観が楽しめます。

知床の森とふれ合うなら散策ルートが整備された知床五湖へ。自然ガイドと一緒に歩くツアーに参加すれば、知床をより深く知ることができます。ヒグマの爪痕やエゾシカの足跡、野鳥のさえずりなど、動物の息吹も感じられます。

また、断崖の続くウトロ側を海から眺める観光船も見逃せません。というのも、知床半島の先端部分は陸路で立ち入れないのです。川の水がそのまま海に落ちる滝や流氷に削られてできた奇岩など、陸からは見られない光景が待っています。

そして凍てつく冬。流氷がオホーツク海を埋め尽くします。流氷の上を歩いたり、流氷の海に浮かんだりと楽しみ方もいろいろ。いずれの季節も知床の雄大な自然に魅了されるに違いありません。

アクセス

ウトロへは、女満別空港から知床エアポートライナー号で約2時間15分、ウトロ温泉バスターミナル下車。
料金：3300円。
羅臼へは、JR根室本線釧路駅から阿寒バス釧路羅臼線で約3時間35分、羅臼営業所下車。料金：4850円。

世界遺産データ

知床

登録年：2005年7月
所在地：北海道斜里郡斜里町、目梨郡羅臼町
遺産面積：構成資産34,000ha／緩衝地帯37,100ha

立ち寄り周辺スポット

オシンコシンの滝

世界遺産の登録エリアには含まれていないが、知床八景や「日本の滝100選」に選ばれるなど、知床を代表するスポット。落差約30mの滝が水しぶきをあげて落ちる様子は迫力満点。途中で2つに流れに分かれることから「双美の滝」とも呼ばれる。滝の上には展望台があり、オホーツク海や知床連山を眺められる。
アクセス：JR釧網本線知床斜里駅から斜里バス知床線で約42分、オシンコシンの滝下車、徒歩すぐ

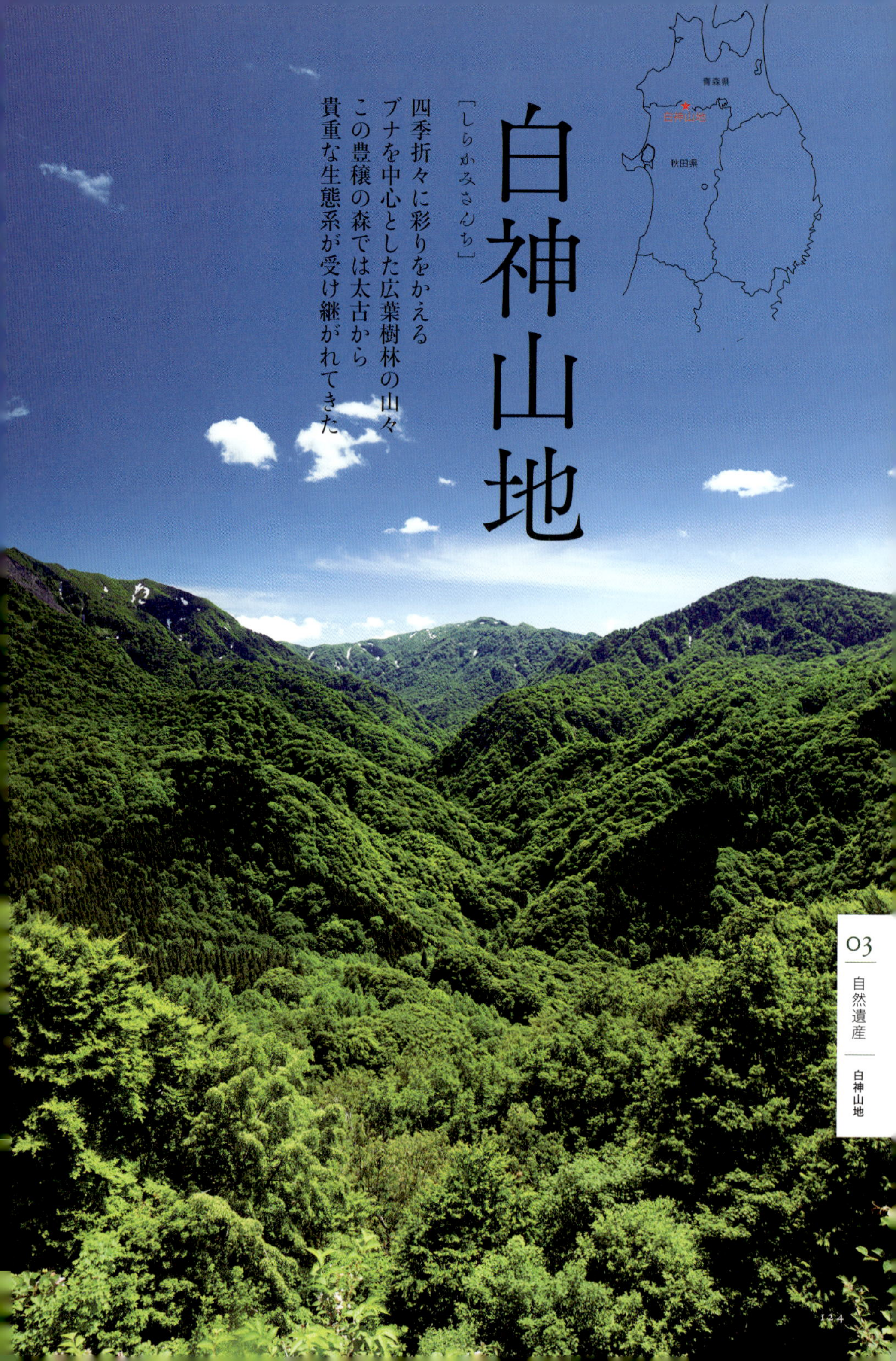

白神山地

［しらかみさんち］

四季折々に彩りをかえる
ブナを中心とした広葉樹林の山々
この豊穣の森では太古から
貴重な生態系が受け継がれてきた

世界遺産

世界に類を見ないブナの原生林は多様な動植物を育む母なる森

白神山地は、青森県南西部と秋田県北西部にまたがる広大な山岳地帯。約８０００年以上も前に生まれたブナの天然林が良好な状態で保たれており、その規模は世界最大級を誇っています。１９９３年、その中心部にあたる約１万７０００ヘクタールが自然遺産として登録されました。

落葉広葉樹のブナは、保水力が高いことで知られています。雪どけ水や雨水を根元の腐葉土にたっぷりとため込み、豊かな土壌を作るのです。ブナだけでなく、日本固有種のアオモリマンテマをはじめ、約５００種以上の植物が原始の森を形成しています。また、そこは野生動物にとっても絶好の生息地。特別天然記念物のニホンカモシカや、ツキノワグマ、イヌワシ、クマゲラなど稀少な哺乳類や鳥類を見ることもできます。白神山地のブナ林は母のような包容力で、多様な動植物を育み、幾世代も新しい命を紡いできたのです。

右ページ／1993年、屋久島とともに日本初の自然遺産として登録された白神山地
左ページ／新緑のブナの巨木とニホンザル。白神山地には14種の哺乳動物が生息する

春になるとブナの幹の周りから雪がとけはじめる「根開け」

右／津軽峠から歩いて5分、推定樹齢400年のブナの巨木「マザーツリー」（西目屋村）
左／暗門の滝の周辺は険しい崖。散策路の損壊により立入制限がされることもある

ここが見所

美しいブナ林の遊歩道で森の息吹を感じる

世界遺産に登録される核心地域への入山は制限されていますが、その周辺にも十分ブナ林をはじめとした豊かな自然が広がっており、散策や登山のためのルートがいくつも設けられています。

なかでも古くから名勝地として知られる暗門の滝（西目屋村）へのコースが人気です。遊歩道入口から進むと左手にブナ林散策道が見えます。まっすぐに伸びるブナの幹。緑の木々の間には光が差し込み、野鳥のさえずりがこだまします。あまりに澄んだ森の空気に思わず深呼吸。3つある暗門の滝は、いずれも水量が豊富で、勢いよく水しぶきを上げて落ちる姿は圧巻です。

大小の湖沼が点在する十二湖（深浦町）や、樹齢400年のブナと苔むした巨石が調和する岳《だけ》岱《だい》自然観察教育林（藤里町）、山頂から世界最大級のブナ原生林を一望できる二ツ森（八峰町）など、白神の自然にふれられるスポットは多彩です。

アクセス

青森県側の白神山地ビジターセンターへは、JR弘前駅から弘南バス田代行きで約55分、田代（西目屋村役場前）下車、徒歩約5分。料金：990円。

秋田県側の白神山地世界遺産センター「藤里館」へは、JR秋田駅から奥羽本線（特急）で約1時間、JR二ツ井駅下車。そこから秋北バス真名子行きで約33分、湯の沢温泉入口下車、徒歩すぐ。料金：JR（特急/自由席）2250円、バス640円。

世界遺産データ

白神山地

登録年：1993年12月

所在地：青森県、秋田県

遺産面積：構成資産10,139ha／緩衝地帯6,832ha

立ち寄り周辺スポット

アクアグリーンビレッジANMON

白神山地散策の拠点となるキャンプ場。キャンプサイトやコテージのほか、センターハウスには、観光案内をはじめ、入浴施設「暗門の湯」やレストラン、売店などを完備する。

時間：9:00〜17:00 ※施設により異なる

料金：暗門の湯大人550円。※宿泊等は要問合せ　休み：11月上旬〜4月下旬

電話：0172-85-3021　アクセス：JR弘前駅から弘南バス田代行きに乗り、西目屋村役場前バス停下車、弘南バス津軽峠行きに乗り換え、アクアグリーンビレッジANMON下車、徒歩すぐ

小笠原諸島

［おがさわらしょとう］

環境に適応し、独自の進化を遂げた
〝東洋のガラパゴス〟
太平洋上の楽園で生命の神秘にふれる

03
自然遺産
小笠原諸島

父島の中山峠より見下ろすコペペ海岸。サンゴ礁の明るい海が広がる

上／小笠原滞在の拠点となる父島。約2000人の島民が暮らす
下／父島南端にある千尋岩。赤い岩肌の形からハートロックとも呼ばれる

ホエールウォッチングも楽しみのひとつ。ザトウクジラが見られるのは2〜4月頃

世界遺産

ここでしか見られない固有種が独自の生態系を形成する

東京から南へ約１０００キロメートル、太平洋上に浮かぶ大小30余りの島からなる小笠原諸島。これまで一度も大陸と地続きになったことない海洋島のため、ここに生息する動植物は、風や鳥、海流に運ばれるなどして偶然島にたどり着いた生きものたちの子孫ばかり。彼らは島のそれぞれの環境に適応するよう独自の進化を遂げてきました。

起源を同一としながらも環境に応じて分化する現象を「適応放散《てきおうほうさん》」といいますが、その適応放散の代表例が陸産貝類（カタツムリ）です。カタマイマイ属を中心に、地上性、樹上性、半樹上性と数十種にも分化し、固有率95％を誇っています。

ほかにもハハジマメグロやオガサワラオオコウモリなどの固有種、アオウミガメやマッコウクジラなどの絶滅危惧種といった稀少な生物が数多く生息しています。世界でここだけのユニークな生態系を形成し、その進化は現在も進行中なのです。

カルスト台地が水没した沈下カルストの地形をもつ南島。青い扇池が美しい

右／母島の蓬莱根海岸（ほうらいねかいがん）は、白い砂浜が美しいビーチ
左／母島の固有種ハハジマメグロ。目の周りの三角形の黒い模様が特徴

ここが見所

手つかずの自然が残る父島・母島をめぐる

紺碧の海、白い砂浜と楽園のような風景が広がる小笠原。玄関口となる父島へは、東京・竹芝桟橋から定期船に乗って約25時間30分かかります。簡単に行けない場所だからこそ、この美しい自然が守られてきたのだと島へ着くと強く感じます。

一般の人々が暮らすのは父島と母島のみ。滞在のメインとなる父島には、シュノーケリングやドルフィンウォッチング、トレッキングなど海や森、山のアクティビティが充実しています。おすすめは、東京都認定の自然ガイドと一緒にめぐる南島《みなみじま》上陸ツアー。沈下カルストの地形や、エメラルドグリーンに輝く扇池の美しさに言葉を失います。

母島へは父島からさらに約2時間10分の船旅。ハハジマノボタンやワダンノキなど固有種の宝庫・乳房山《ちぶさやま》へのハイキングでは、この島にしかいないハハジマメグロに出会えることも。生命の神秘に満ちた小笠原の魅力を体感できます。

アクセス

父島へは、東京港竹芝桟橋から小笠原海運の定期船「おがさわら丸」で約25時間30分、父島二見港下船。

料金：大人2等2万2870円～、子ども2等1万1440円～。

母島へは、父島二見港から伊豆諸島開発の定期船「ははじま丸」で約2時間10分、母島沖港下船。

料金：大人2等4230円～、子ども2等2120円～。※船の運賃は2016年1月現在。燃料油価格変動調整金により月ごとに変動あり。

世界遺産データ

小笠原諸島

登録年：2011年6月

所在地：東京都

遺産面積：構成資産7,939ha

立ち寄り周辺スポット

小笠原海洋センター

「カメセンター」の愛称で親しまれている、海洋生物保全のために設立された調査研究施設。アオウミガメやザトウクジラなどの生態を研究し、世界的な評価を得ている。施設見学はもちろん、ウミガメと触れ合うことのできるウミガメ教室も実施されている。

時間：9：00～16：00（12：00～13：30は休館）　料金：入館無料、ウミガメ教室2時間コース（要予約）は大人（中学生以上）3000円（税別）、子供（小学生）2,000円（税別）乳幼児無料　休み：無休（展示館は、おがさわら丸入港中のみ開館）　電話：04998-2-2830　アクセス：父島二見港から車で約5分、徒歩で約30分

屋久島［やくしま］

亜熱帯から亜寒帯までの植生が分布する南の島で
樹齢数千年を生きる巨木の森を歩く

苔に包まれた森・白谷雲水峡。水が豊かな屋久島は、「ひと月に35日雨が降る」といわれるほど雨量が多い

上／圧倒的な存在感を見せる屋久島最大の杉・縄文杉
下／黒味岳の山頂付近で見られるヤクシマシャクナゲ

白谷雲水峡のもののけの森で出会ったヤクシカ。本州に生息するニホンジカに比べて小さい

世界遺産

特異な地形と気候が育んだ樹齢１０００年を超える屋久杉

１９９３年、白神山地とともに日本初の自然遺産として登録された屋久島。縄文杉をはじめ、樹齢１０００年以上の屋久杉が息づく原初の森が神秘的な景観を形成しています。

屋久島は九州最南端の佐多岬から約60キロメートル南の海上に位置し、島の中央には九州最高峰である標高１９３６メートルの宮之浦岳をはじめ、１０００メートルを超える山々が連座することから「洋上のアルプス」と呼ばれています。海岸線の低地は亜熱帯気候ですが、標高が上がるにつれてスダジイやタブノキなどの照葉樹林帯、スギやツガなどのスギ樹林帯、そして冬には雪に閉ざされる山頂付近には冷温帯の植生が見られます。この小さな島に亜熱帯から亜寒帯まで日本の植生が凝縮したように垂直分布しており、さらにヤクシカやヤクザルなど固有亜種の動物が存在するなど、独自の生態系が認められています。

落差88mを流れ落ちる大川（おおこ）の滝は屋久島最大

右／苔が倒木を覆う屋久島の森。写真の切り株はウィルソン株
左／ウィルソン株の内部から空を見上げるとハート型に見える

ここが見所

登山道を歩いて縄文杉の待つ森へ

屋久島を象徴する縄文杉は、樹高25・3メートル、胸高周囲16・4メートル、推定樹齢は２０００年以上。一説には７２００年ともいわれます。この巨木に出会うには荒川登山口から片道約5時間。まずは木材の運搬に使われたトロッコ軌道跡を歩きます。沿道には小学校跡地など、かつて杉伐採のため多くの人々が暮らした集落の名残も。トロッコ軌道が終わると本格的な登山道に入ります。巨大な切り株のウィルソン株や縄文杉発見前には島最大の杉といわれた大王杉、２本の巨木の枝がつながった夫婦杉を経て、縄文杉が姿を現します。何千年も生きてきた老樹を見上げると、その命の神秘に言葉を失ってしまいます。

登山初心者なら、映画『もののけ姫』のモデルとなったといわれる美しい苔の森、白谷雲水峡や、樹齢１８００年の仏陀杉など屋久杉が点在するヤクスギランドがおすすめです。

アクセス

屋久島へは、大阪国際空港から飛行機（日本エアコミューター）で約1時間35分。料金：普通運賃3万8400円。鹿児島空港から飛行機（日本エアコミューター）で約35分。料金：普通運賃1万5600円。船の場合、鹿児島港から高速船トッピー&ロケットで約1時間50分（直行便の場合）、宮之浦港下船。料金：8800円。

世界遺産データ

屋久島

登録年：1993年12月
所在地：鹿児島県熊毛郡屋久島町
遺産面積：10,747ha

立ち寄り周辺スポット

永田いなか浜

屋久島の北西に位置する約1km続く白い砂浜。アカウミガメの上陸地として知られており、北太平洋最大の産卵地となっている。4月下旬〜8月上旬にかけてアオウミガメが産卵に訪れ、例年5月中旬〜7月末まで産卵を見学できる観察会（事前予約制）が開催されている。2005年には、国際的に重要な湿地で、生息する動植物の保全を促進するラムサール条約にも登録された。

アクセス：宮之浦港から屋久島交通永田行きバスで約30分、田舎浜下車、徒歩すぐ
※ウミガメの産卵観察会については要予約（永田ウミガメ連絡協議会HP http://umigame.refire.jp）

高さ14.7mの大型掘立柱建物や大型竪穴住居が復元された三内丸山遺跡

北海道・北東北を中心とした縄文遺跡群

［ほっかいどう・きたとうほくをちゅうしんとしたじょうもんいせきぐん］

自然との共生が育んだ豊かな縄文文化を
点在する18の遺跡が証明

紀元前1万3000年頃から約1万年もの長期間にわたり続いた縄文時代。狩猟・漁労・採集を基盤とした生活が安定すると、移動生活から定住生活へと変化していきました。生活の拠点となるムラ（集落）が出現し、新たに土器や土偶などが作られ、豊かな縄文文化が生み出されました。

北海道・青森県・岩手県・秋田県の1道3県で構成される「北海道・北東北を中心とした縄文遺跡群」には、貝塚や集落跡、祭祀や精神的活動を示す記念物など18の遺跡が含まれています。なかでも国内最大級の縄文集落跡である青森県の三内丸山《さんないまるやま》遺跡や、ストーンサークルとして知られる秋田県の大湯《おおゆ》環状列石《かんじょうれっせき》などは特別史跡に指定されています。数多く残された縄文遺跡が自然と人間が共生し、成熟した文化が築かれていたことを今に伝えています。

三内丸山遺跡

所在地：青森県青森市大字三内字丸山305　時間：9:00～17:00、GWと6～9月は～18:00　休み：年末年始　アクセス：JR新青森駅東口からねぶたん号（あおもりシャトルdeルートバス）で三内丸山遺跡前下車

大阪・堺市に位置する三重の周濠をもつ日本最大の仁徳天皇陵

百舌鳥・古市古墳群

[もず・ふるいちこふんぐん]

今も圧倒的な存在感を示す
世界最大級の墳墓で権力を誇示

大阪の南部、堺市、羽曳野市、藤井寺市の3市にまたがる「百舌鳥・古市古墳群」。これらの地域には、4世紀後半から6世紀前半にかけて造られた古墳が数多く残っています。古墳は土を高く盛り上げた墳丘をもつ墓で、権力者を埋葬するために造られました。巨大な古墳の場合、複数の濠《ほり》を有したり、周囲に陪塚《ばいちょう》と呼ばれる中小の古墳を伴ったりします。巨大な墳墓の造営は、古代国家の形成を反映しており、古墳の周囲に中小の古墳を配置することは権力者による支配体制を表していると考えられています。

なかでも堺市に位置する5世紀半ばに造られた仁徳天皇陵は、墳丘の長さが486mと日本最大の規模を誇る前方後円墳。エジプトのピラミッド、中国の秦の始皇帝陵とともに世界三大墳墓のひとつに数えられています。

仁徳天皇陵

所在地：大阪府堺市堺区大仙町　アクセス：JR阪和線百舌鳥駅から徒歩約5分

写真クレジット

カバー　田上明／アフロ
０１０　縄手英樹／アフロ
０１１　KONO KIYOSHI／アフロ
０１２上　月岡陽一／アフロ
０１２下　縄手英樹／アフロ
０１４-０１５　荒木則行／アフロ
０１６上　KENJI GOSHIMA／アフロ
０１６下　山口博之／アフロ
０１７　角田展章／アフロ
０１８上　荒木則行／アフロ
０１８下　エムオーフォトス／アフロ
０２０　縄手英樹／アフロ
０２１　田北圭一／アフロ
０２２左下　スタジオサラ／アフロ
０２２右下　後藤昌美／アフロ
０２２上　千葉直／アフロ
０２４　峰脇英樹／アフロ
０２５　峰脇英樹／アフロ
０２６上　峰脇英樹／アフロ
０２６下　後藤昌美／アフロ
０２８　山梨将典／アフロ
０２９　都丸和博／アフロ
０３０上　ミヤジシンゴ／アフロ
０３０右下　館野二朗／アフロ
０３０左下　新海良夫／アフロ
０３２　スタジオサラ／アフロ
０３４-０３５　佐藤哲郎／アフロ
０３６　田中秀明／アフロ
０３７　小松啓二／アフロ
０３８上　アフロ
０３８下　山下茂樹／アフロ
０４０　角田展章／アフロ
０４１　michio yamauchi／アフロ
０４２上　山口博之／アフロ
０４２右下　鎌形久／アフロ
０４２左下　飯田信義／アフロ
０４４　山梨将典／アフロ
０４５　エムオーフォトス／アフロ
０４６上　大西義和／アフロ
０４６下　アフロ
０４８-０４９　新海良夫／アフロ
０５０上　角田展章／アフロ
０５０下　KONO KIYOSHI／アフロ
０５１　エムオーフォトス／アフロ
０５２　角田展章／アフロ
０５４　東田裕二／アフロ
０５５　アフロ
０５６上　Steve Vidler／アフロ
０５６下　縄手英樹／アフロ
０５７　大西義和／アフロ
０５８-０５９　箭内博行／アフロ
０６０上　角田展章／アフロ
０６０下　スタジオサラ／アフロ
０６１　角田展章／アフロ
０６２上　エムオーフォトス／アフロ
０６２下　Kenneth John Straiton／アフロ
０６４　椿雅人／アフロ
０６６　縄手英樹／アフロ
０６７　中尊寺提供
０６８上・下　中尊寺提供
０６９　縄手英樹／アフロ
０７０　阿部宗雄／アフロ
０７１　縄手英樹／アフロ
０７２上　michio yamauchi／アフロ
０７２右下　縄手英樹／アフロ
０７２左下　縄手英樹／アフロ
０７３　後藤昌美／アフロ
０７４-０７５　小曽納久男／アフロ
０７６　萩野矢慶記／アフロ
０７７　石井正孝／アフロ